**CURSO DE ESPAÑOL
PARA EXTRANJEROS**

GUÍA DIDÁCTICA

1

PROYECTO Y COORDINACIÓN EDITORIAL

Departamento ELE de Ediciones SM.

AUTOR

Virgilio Borobio.
Con la colaboración de Ramón Palencia.

EQUIPO EDITORIAL

Cubierta: Equipo de diseño de Ediciones SM.
Maqueta: José Ugarte.

Comercializa

Para el extranjero:

EDICIONES SM - Joaquín Turina, 39 - 28044 Madrid (España)
Teléfono 91-422 88 00 - Fax 91-508 99 27

Para España

EN&B, Hispano Francesa de Ediciones, SA
Alcalá, 261-265 - Edificio 4 - 1° - 28027 Madrid
Teléfono 91-350 05 96 - Fax 91-359 30 39

CESMA, SA - Aguacate, 43 - 28044 Madrid (España)
Teléfono 91-508 86 41 - Fax 91-508 72 12

© Virgilio Borobio Carrera - Ediciones SM

ISBN: 84-348-3595-9
Depósito legal: M-10360-2001
Preimpresión: Grafilia, SL
Huertas Industrias Gráficas, SA
Camino Viejo de Getafe, 55 - Fuenlabrada (Madrid)
Impreso en España - Printed in Spain

ÍNDICE

Introducción	4
Técnicas generales del curso	6
Lección preparatoria 1	8
Lección preparatoria 2	11
Lección 3	14
Lección 4	17
Lección 5	19
Repaso 1	23
Lección 6	26
Lección 7	29
Lección 8	32
Lección 9	34
Lección 10	37
Repaso 2	40
Lección 11	43
Lección 12	46
Lección 13	49
Lección 14	51
Lección 15	54
Repaso 3	58
Lección 16	60
Lección 17	63
Lección 18	66
Lección 19	69
Lección 20	72
Repaso 4	75
Lección 21	77
Lección 22	80
Lección 23	83
Lección 24	87
Lección 25	91
Repaso 5	94

INTRODUCCIÓN

ELE 1 es un curso de español dirigido a estudiantes adolescentes y adultos, y diseñado para ayudar al alumno a alcanzar un grado de competencia lingüística que le permita comunicarse de manera eficaz, en una serie de situaciones sociales y profesionales.

El curso está centrado en el alumno, a quien lleva a la reflexión sobre su propio proceso de aprendizaje a la vez que fomenta su autonomía y su confianza.

Materiales que componen el curso:

— Libro del alumno
— Cuaderno de ejercicios
— Guía didáctica
— Casetes con las grabaciones del Libro del alumno
— Casete con las grabaciones del Cuaderno de ejercicios

Libro del alumno

El Libro del alumno está estructurado en cinco unidades, cada una de ellas formada por cinco lecciones más otra de repaso. Cada lección tiene un centro de interés.

Muchas lecciones cuentan con un apartado en el que, bajo el título de «Y también...», se incluyen temas variados relacionados en su mayoría con el tema o con los contenidos, lingüísticos y temáticos abordados en dichas lecciones.

Todas las lecciones presentan un cuadro final («Recuerda») donde se enuncian las **funciones comunicativas** tratadas en las mismas, con sus respectivos exponentes lingüísticos y los aspectos gramaticales que éstos conllevan.

Al final del libro se incluye un **resumen de todos los contenidos gramaticales** del curso.

Cuaderno de ejercicios

Consta de veinticinco lecciones con una amplia gama de ejercicios destinados a reforzar y ampliar el lenguaje presentado en el Libro del alumno. Dichos ejercicios han sido concebidos para trabajar de forma individual y pueden ser realizados en el aula o fuera de ella, según el criterio del profesor. Se incluyen, asimismo, ejercicios de práctica oral controlada, con las grabaciones correspondientes, y actividades de autoevaluación. Para facilitar la labor del profesor y el trabajo personal del alumno, las soluciones de los ejercicios aparecen al final del cuaderno.

Guía didáctica

La Guía didáctica presenta los principios metodológicos en los que se apoya el curso y sugerencias para realizar las actividades del Libro del alumno. También se sugieren actividades alternativas que el profesor decidirá si se llevan a cabo o no teniendo en cuenta el grado de adquisición de los contenidos por parte de los alumnos, sus necesidades, las características de los miembros de la clase (circunstancias personales, experiencias, ideas, inquietudes, etcétera), así como el hecho de si el curso tiene lugar en un país de habla hispana o no.

Excepto en la primera lección, en todas las demás se sugiere una actividad de «precalentamiento» que sirve para «romper el hielo», al principio de la clase, para activar a los alumnos, para repasar contenidos vistos en días anteriores o para introducir el tema que se va a tratar.

CONSIDERACIONES METODOLÓGICAS

Interacción

ELE 1 presenta variadas situaciones en las que el alumno tiene que reaccionar con experiencias, sus inquietudes, etc. Esto hace posible una interacción comunicativa en la que se produce una **transferencia real de información**.

Proceso de formación del alumno

Generalmente el profesor ejerce un alto grado de control en el proceso de aprendizaje. **ELE 1,** en cambio, defiende la necesidad de que el alumno aplique y desarrolle su propia forma de aprender y de que asuma un grado de responsabilidad a lo largo de dicho proceso. **ELE 1** incluye, por tanto, actividades que fomentan la autonomía del alumno y estimulan su confianza en sí mismo, con lo que se consigue que el aprendizaje sea más rápido y eficaz. He aquí algunos ejemplos:

— Presentación del lenguaje necesario para «sobrevivir» y mantener la comunicación dentro y fuera del aula desde el primer día (ver actividades 7 y 8 de la lección preparatoria 1 y actividades 9, 10 y 11 de la lección preparatoria 2).

— Presentación del lenguaje necesario para comprender las instrucciones del Libro del alumno (ver actividad 9 de la lección preparatoria 1).

— Demostración al alumno de sus conocimientos previos de español aprovechando los paralelismos existentes con su lengua materna (ver actividad 10 de la lección preparatoria).

— Creación de hábitos de escucha y lectura selectiva que permitan obtener una información precisa (ver actividad 6 de la lección 11 y actividad 1 a) del repaso 1).

— Reflexión del alumno sobre su propio proceso de aprendizaje (ver actividad 11 de la lección 20).

Gramática inductiva

Un aspecto muy interesante del curso **ELE 1** es el tratamiento dado a la gramática.

La gramática constituye uno de los puntos en los que la idea de desarrollar estrategias de aprendizaje incide directamente.

Se puede decir que la gramática recibe un tratamiento inductivo: se presentan muestras de lengua para llevar al alumno a descubrir la norma y, a través de actividades variadas, se consigue la aplicación de la misma. De esta forma el alumno irá interiorizando de forma intuitiva y funcional la nueva lengua que aprende. Al mismo tiempo el alumno necesitará algunas descripciones explícitas del funcionamiento de dicha lengua. Consciente de esta necesidad, **ELE 1** pone a disposición del alumno un **Resumen gramatical** localizado en las páginas finales del libro del alumno. A su vez, al final de cada lección el apartado **Recuerda** recoge todos los elementos estructurales aparecidos en dicha lección. Cada elemento está relacionado con el **Resumen gramatical** para que el alumno pueda, cuando lo necesite, aclarar y ampliar sus conocimientos de gramática.

Vocabulario

En **ELE 1** se presenta el vocabulario necesario para cubrir el nivel básico de comunicación. Además, a lo largo del curso se facilita al alumno la tarea de ampliar su vocabulario de acuerdo a sus necesidades. El uso del diccionario, la deducción del significado a partir del contexto o la consulta a los compañeros de clase son ejemplos de ello.

Pronunciación

La mayor parte de las lecciones cuentan con alguna actividad que permite a los alumnos escuchar muestras o modelos de lengua hablada y repetirlos coral e individualmente; su objetivo no es sólo la pronunciación de determinados sonidos, sino también la **práctica del acento y de la entonación.**

La tarea pedida en otras actividades, insertadas gradualmente a lo largo del curso, consiste en discriminar la sílaba fuerte o determinados sonidos y su correspondencia ortográfica.

Entre las sugerencias recogidas en la Guía didáctica figura la de realizar regularmente ejercicios de repetición.

Materiales auténticos

Muchas lecciones tienen un apartado denominado «Y también...», que incluye en la mayoría de los casos una serie de variados materiales auténticos, normalmente relacionados con el tema o con los contenidos lingüísticos tratados en la lección y que, además de posibilitar una práctica complementaria, aportan aspectos culturales.

Con el fin de aprovechar al máximo dichos materiales se presentan diversas tareas detalladas paso a paso, donde se indica claramente al alumno lo que debe hacer.

Repasos

Cada cinco lecciones aparece otra de repaso que brinda la posibilidad de revisar y reforzar contenidos vistos anteriormente, además de integrar las cuatro destrezas. El orden y el momento en que se realicen dichas actividades no deben ser necesariamente los propuestos en el Libro del alumno: si el profesor juzga necesario repasar determinados contenidos puede recurrir a la actividad propuesta en la lección de repaso correspondiente, aunque no se haya llegado aún a ella.

Esto implica una flexibilidad por parte del profesor a la hora de planificar su clase. Al tener en cuenta las necesidades reales del alumno, el aprendizaje se producirá de manera más rápida y eficaz.

ALGUNAS TÉCNICAS GENERALES DEL CURSO

Cierto número de actividades que constituyen una parte importante del curso se repiten a lo largo del libro.

Escuchas selectivas

Las escuchas selectivas, al igual que otras del Libro del alumno, sirven para ejercitar la comprensión oral, pero con un carácter selectivo. El alumno obtendrá la información específica que se le pide en la tarea propuesta (ver actividad 12 de la lección 7).

Procedimiento:

1. Escucha seguida para responder a algunas preguntas de comprensión general previamente formuladas (se pueden escribir en la pizarra) para acercar al alumno al tema de la conversación y ayudarle a captar las circunstancias en que ésta tiene lugar.
2. Escucha seguida (o con pausas si tienen que escribir) para realizar la tarea pedida. Ésta puede consistir en:

   — Completar un cuadro.
   — Subrayar palabras o frases.
   — Señalar si una información es verdad o mentira.
   — Escribir las horas que oigan.
   — Escribir determinadas acciones que oigan.
   — Decidir de qué imagen se habla en la conversación.

3. Puesta en común con un compañero.
4. Puesta en común en grupo-clase.
5. Escucha con pausas para aclarar discrepancias.
6. Nueva puesta en común de dichos puntos.
7. Escucha seguida para comprobar la información obtenida.

En algunos casos, los pasos 5 y 6 no serán necesarios.

Trabajo en parejas y en pequeños grupos

Gran parte de las actividades incluidas en **ELE 1** están pensadas para la práctica en parejas y en grupos. Algunas razones lo justifican:

A) La necesidad de incrementar la práctica lingüística en los grandes grupos. Al subdividir la clase en parejas o pequeños grupos que llevan a cabo, de manera simultánea, alguna actividad, se hace posible que **todos practiquen la lengua extranjera en un tiempo mínimo.**

B) La función básica del lenguaje es la comunicación. En un acto de comunicación, por regla general, intervienen un mínimo de dos interlocutores, con lo cual, al realizar alguna actividad en parejas o en grupos pequeños, además de lograr una mayor práctica lingüística, **se refuerza la función comunicativa de la lengua.**

Por lo general, los alumnos suelen acostumbrarse pronto a trabajar en parejas o en grupos. Con el fin de asegurar el máximo provecho de este tipo de actividades, se sugieren los siguientes pasos:

1. Explicación de la actividad a la clase.
2. Demostración de la misma por parte del profesor y algún alumno, normalmente un «buen» alumno.
3. Demostración clase-profesor, clase-alumnos individuales o entre alumnos.
4. Práctica simultánea.

La función del profesor mientras que los alumnos realizan actividades en estos tipos de agrupamiento es la de prestar atención a aquellos alumnos que considere que más lo necesitan, anotando mentalmente los problemas que aún tienen para abordarlos en una posterior fase de revisión.

Vacíos de información

Muchas lecciones incluyen unas actividades que se caracterizan por tener un vacío informativo que el alumno debe llenar mediante una interacción comunicativa.

En algunos casos el vacío de información es fijo (véase Libro del alumno, actividad 12 de la lección 3), mientras que en otros es variable (véase Libro del alumno, actividad 9 de la lección 9), pudiéndose realizar la actividad tantas veces como se quiera, sin que por ello se elimine el vacío informativo.

Su correcta realización implica que los alumnos no vean la parte correspondiente a su compañero —si lo hicieran, desaparecería el vacío de información y la actividad perdería todo su sentido original. Un buen método para conseguirlo es hacer fotocopias de la actividad y darle a cada alumno sólo la parte que le corresponde.

Procedimiento:

1. Cada alumno lee las instrucciones y el ejemplo correspondiente. El profesor comprueba que han comprendido lo que tienen que hacer.
2. Demostración profesor-alumno y alumno-alumno.
3. Los alumnos preparan mentalmente la interacción.
4. Realización de la actividad.
5. Comprobación y comentario del trabajo realizado, lo que implica ver la parte del compañero.

El papel del profesor consiste en supervisar la actuación lingüística de los alumnos durante la fase de interacción en parejas simultáneas, y anotar las dificultades y los errores de los alumnos, en los que se insistiría en una fase de revisión.

Es sumamente interesante hacer un análisis de la interacción de alguna pareja. Para ello puede grabarse en una cinta su interacción durante la fase 4, o bien, tras esa fase, elegir a dos alumnos para que repitan la actividad ante la clase, grabándose para un detallado análisis posterior. Más que en posibles errores gramaticales, el análisis debe incidir en aspectos de la comunicación tales como **registro, entonación, naturalidad**, etc., a fin de erradicar un uso demasiado estereotipado y mecánico de la lengua.

Simulaciones

En la fase destinada a la práctica libre, muchas lecciones incluyen, bajo el epígrafe de «Ahora vosotros», unas actividades en las que se pide al alumno que interprete un papel determinado (ver actividad 10 de la lección 17). Representando este papel, el alumno practica unos conocimientos previamente adquiridos, pero el grado de creatividad y espontaneidad requerido es superior al de otras fases anteriores de la secuencia didáctica. Por último, es de destacar el hecho de que la creación de **un escenario adecuado** (disposición del mobiliario del aula, uso de la música y de determinados efectos sonoros, etc.) es fundamental para llevar las simulaciones a cabo con éxito.

Pasos a seguir:

1. Los alumnos leen la parte que les corresponde y consultan las dudas que puedan tener. Antes de comenzar, reflexionan y preparan la situación y el lenguaje que van a necesitar.
2. Demostración profesor-alumno.
3. Práctica en parejas o en grupos simultáneos. Durante su realización el profesor toma nota de los errores importantes y, una vez terminada esta fase, puede comentar con los alumnos las dificultades lingüísticas que han tenido.
4. Cambio de papeles, o de parejas o grupos, para continuar la actividad.

Posibles actividades finales:

a) Alguna pareja o grupo representa ante la clase la situación planteada.
b) Grabación de alguna pareja o grupo y posterior audición analítica con toda la clase.

La música como elemento ambientador

El uso de la música es aconsejable no sólo como elemento para realizar determinadas actividades de práctica libre, sino también para efectuar otro tipo de trabajos individuales, en parejas o en grupos, ya que la música contribuye a que los alumnos se sientan relajados y puedan alcanzar un mayor grado de concentración.

La música en ELE 1

Conscientes de la motivación que produce en los alumnos la explotación de canciones, **ELE 1** proporciona actividades en las que el alumno tiene que manejar letras y ritmos musicales. A pesar de la dificultad que, a veces, tienen con el vocabulario, los alumnos responden y reaccionan muy positivamente al trabajo con canciones auténticas.

LECCIÓN PREPARATORIA 1

¿Por qué lecciones preparatorias?

Las dos primeras lecciones se consideran preparatorias: además de presentar un lenguaje secuenciado con el resto de las lecciones, perteneciente a la programación funcional del curso, presentan un lenguaje útil para mantener la comunicación dentro y fuera del aula (las «ayudas») y un lenguaje descontextualizado (los números del 0 al 20, por ejemplo), más necesario para situaciones futuras que para la lección en que aparece.

El profesor puede aprovecharlas para iniciar a los alumnos en la mecánica de las diversas actividades que se presentan a lo largo del curso y para crear en el grupo un ambiente positivo para la comunicación.

LECCIÓN 1

a) Presentación.

El profesor se presenta a sí mismo: «¡Hola! Buenos días/Buenas tardes. Me llamo X», y pregunta el nombre a algunos alumnos: «¿Cómo te llamas?»/«¿Y tú?»

Preste especial atención a los aspectos relativos a la presencia y ausencia del pronombre sujeto **yo**. «Me llamo Sara. ¿Y tú?» «Yo me llamo Carlos».

Nota.

Si el tratamiento que se va a dar a los alumnos es formal, se introduce un exponente formal. Aquí se ha optado por un tratamiento informal. El contraste de ambos tratamientos se presenta en la lección 4.

A continuación los alumnos escuchan el diálogo y lo siguen en el libro.

b) En la primera repetición es conveniente pedirle al alumno que repita frases cortas: «¡Hola!»/«¿Cómo te llamas?» En una segunda repetición, el alumno puede intentar decir una línea entera del diálogo: «¡Hola! ¿Cómo te llamas?»

Si los alumnos tienen algún tipo de dificultad, se puede usar la técnica de «encadenamiento hacia atrás»: se hace repetir al alumno la frase comenzando por detrás. Ejemplo:

«¿... llamas?»

«¿... te llamas?»

«¿Cómo te llamas?»

c) Introduzca en los alumnos en la siguiente técnica para practicar un diálogo: el alumno lee el texto correspondiente en el libro, alza la vista y repite su texto mirando al compañero. Puede acudir al libro siempre que lo necesite, incluso en medio de una frase si tiene dificultades, pero es conveniente que a la hora de hablar lo haga dirigiéndose a su compañero.

 Los alumnos, bien desde sus asientos, bien paseando por la clase, intentan presentarse al mayor número posible de compañeros. Es conveniente recordarles antes el lenguaje necesario para la actividad. Se puede hacer mediante un diálogo mutilado en la pizarra que se completará con la ayuda de los alumnos. Este esquema puede dejarse en la pizarra para que los alumnos puedan recurrir a él durante la interacción.

Nota.

A fin de hacer las presentaciones más naturales, en el caso de alumnos de diferentes nacionalidades conviene introducir los nombres de sus nacionalidades (sólo ésas) y el exponente necesario para decir de dónde son (ver lección preparatoria 2, actividad 5).

 Señale la necesidad de aprender el alfabeto lo antes posible.

a) Los alumnos escuchan a la vez que siguen el alfabeto en sus libros. Es aconsejable que escuchen la grabación al menos dos veces.

b) Los alumnos escuchan y repiten, bien con la grabación o con el profesor.

c) La comparación entre las lenguas es un buen método para ayudar a los alumnos a recordar aspectos peculiares del español.

 Ejercicio de discriminación auditiva de letras que por su parecido pueden presentar cierta dificultad para el alumno.

Antes de escuchar la grabación pida a los

alumnos que le digan esas letras en voz alta. Indíqueles que durante la grabación sólo tienen que marcar con una cruz la letra que oigan en cada caso.

e, z, v, q, x, h, j.

Para la comprobación del ejercicio, pida a los alumnos que le digan el número de la columna correspondiente, «uno»/«dos» (presente antes estos números). Si en algún caso un grupo se inclina por una respuesta y otro por otra, es conveniente que el profesor llame la atención de los alumnos sobre la pronunciación de las letras en cuestión y que vuelvan a escuchar la parte correspondiente de la grabación.

5 Ejercicio de discriminación de nombres a través de las letras que los componen. Sígase el mismo procedimiento que en 4, pero aquí tienen que subrayar en lugar de marcar con una cruz.

*P, a, c, o; L, u, i, s, a; P, a, b, l, o;
F, é, l, i, x; M, a, n, u, e, l, a; J, u, a, n, j, o;
G, e, m, a.*

Para la corrección se puede hacer salir a siete alumnos a la pizarra para que cada uno escriba un nombre. Luego se corrige entre todos.

SUGERENCIA

«Oyes-dices», en grupos de cuatro.

El profesor distribuye tarjetas como éstas entre los miembros de cada grupo.

OYES	DICES
	d o t l
j a h n	b z o y
ñ o g x	q i s c
s y e j	h m e b
n o k r	v l a f

OYES	DICES
g u b m	e r c v
b z o y	f h i k
n j e d	t o l ñ
h m e b	a p x c
d s y r	ll b z n

OYES	DICES
d o t l	g u b m
q i s c	r u v p
t o l ñ	s y e j
a p x c	n o k r
ll b z n	d q i c

OYES	DICES
e r c v	j a h n
f h i k	ñ o g x
r u v p	n j e d
v l a f	d s y r
d q i c	

Empieza el alumno en cuya columna «oyes» falta un grupo de letras; deletrea el primer grupo de la columna «dices» y el alumno que lo identifica en su columna «oyes» deletrea el correspondiente a su columna «dices», y así sucesivamente.

6 a) Presente el término «apellidos» con personajes famosos que puedan conocer sus alumnos. Comente que en los países hispanoamericanos se usan dos apellidos en los documentos oficiales, el primero del padre y el primero de la madre. En la vida normal no se suele decir más que el primer apellido.

Los alumnos subrayan las palabras individualmente. Para la corrección de la actividad el profesor escribe en la pizarra los siguientes encabezamientos: NOMBRES/APELLIDOS, y escribe en cada columna lo que le digan los alumnos.

b) Escriben un nombre y un apellido, a ser posible hispanos; el profesor supervisa lo que escriben. Finalmente, en parejas, se lo dictan unos a otros sin que puedan ver lo que ya está escrito.

7 a) Presentación de lenguaje útil para pedir ayuda sobre aspectos lingüísticos.

Haga que los alumnos observen las situaciones con detenimiento y compruebe si son capaces de deducir lo que pueden estar diciendo en cada una. Pídales el equivalente en su lengua materna.

 b) Los alumnos escuchan y repiten, frase a frase primero y por líneas completas después. Preste atención a la pronunciación y a la entonación.

8 a) Los alumnos leen los diálogos. Resuelva las dudas que puedan tener.

Pregunte a los alumnos si les gustaría practicar esos diálogos en parejas. Recuérdeles la técnica de leer, alzar la vista y hablar.

b) Los alumnos preguntan en parejas. Indíqueles que es conveniente comprobar si han escrito bien el nombre y apellido.

9 a) Algunas de las instrucciones les serán ya familiares. Indíqueles que **no** necesitan aprenderse este vocabulario, **sólo** comprenderlo; lo aprenderán de una manera inconsciente a base de oírlo continuamente en clase. Deje que lean las instrucciones y que le pregunten en caso de duda. Luego miran, escuchan y leen.

b) Indique a los alumnos que van a escuchar una serie de instrucciones y que deben mostrar la comprensión de las mismas ejecutándolas con gestos o mimo.

Al final de la actividad, el profesor puede dar instrucciones a alumnos individualmente.

10 a) Las palabras propuestas proceden de un vocabulario conocido internacionalmente, de tal manera que a los alumnos les resultará fácil comprender el significado de las palabras que hacen referencia a los lugares u objetos de la ilustración.

b) Conviene indicar a los alumnos que además de deducir fácilmente el significado de esas palabras internacionales, en español es posible pronunciarlas correctamente. Anímeles a hacerlo.

c) Los alumnos escuchan y comprueban su pronunciación de las palabras anteriores.

Con el objetivo de ir mostrando a los alumnos la regularidad de la fonética española, señale la pronunciación de algunos grupos de consonante y vocal aparecidos en los ejemplos de la lección.

Por ejemplo, grupos con «e»:

Te**lé**fono, **me** llamo.
¿Cómo **te** llamas?, ci**ne**.

Grupos con «a»:
Pasaporte, **Pa**co, **Pa**ca, **Sa**ra, **Pa**blo, etc.

Pídales más ejemplos.

d) Anime a los alumnos a decir y a compartir con sus compañeros otras palabras que puedan conocer en español. Pídales que las escriban en la pizarra.

11 Posiblemente ya habrá presentado usted «Adiós»/«Hasta mañana» al finalizar alguna de las clases anteriores. Si la próxima clase no la van a tener al día siguiente, es conveniente presentar una fórmula de despedida que haga referencia al día que vayan a tenerla: «Hasta el miércoles/el jueves/etc.»

RECUERDA

Explique en qué consiste el **Recuerda** que aparece al final de cada lección y la conveniencia de que lo revisen por su cuenta. Los elementos estructurales que aparecen bajo el título **Gramática**, van seguidos de un apartado que hace referencia al **Resumen gramatical** localizado al final del libro del alumno. En él, el alumno encontrará una explicación más amplia, **siempre adecuada a su nivel**.

LECCIÓN PREPARATORIA 2

Precalentamiento

Después de saludar a la clase se podría proceder a jugar a las palabras con los alumnos. Un juego oportuno sería «el ahorcado» para que los alumnos deletreen palabras con motivación.

 Se introduce el concepto «país» con el mapa de la actividad.
A continuación se les pide que relacionen individualmente los nombres de persona con los países.

Comprobación en parejas.

Puesta en común en grupo-clase.

 Lea los nombres de los países para dar el modelo de pronunciación y pida a los alumnos que los lean en voz baja. Explique que la sílaba subrayada es la más fuerte y lea algunos a modo de ejemplo.

a) Pida a determinados alumnos que pronuncien los nombres propuestos (uno cada uno).

b) Escuchan y comprueban la pronunciación.

Ejercicios de repetición coral e individual.

 Introducción del concepto de nacionalidad refiriéndose a la del profesor y a las de algunos personajes famosos.

En caso de que no aparezcan en el Libro del alumno los nombres de los países y los adjetivos de nacionalidad de algunos alumnos, introdúzcalos.

Hacen individualmente el ejercicio de relacionar y se corrige en grupo-clase.

Se comentan las terminaciones del masculino que aparecen (**o**, **s**, **l**, **n**) y la formación del femenino (sustitución de **o** por **a** y añadiendo **a** en el resto de los casos). El profesor hace el esquema en la pizarra con la ayuda de los alumnos.

 Completan individualmente la columna correspondiente al femenino. Si lo necesitan, pueden consultar la actividad 3.

Comprobación en parejas y corrección en grupo-clase.

SUGERENCIAS

— **Juego de memoria** con países y nacionalidades, en grupos de tres o cuatro alumnos. Cada grupo juega con veinte tarjetas; diez tienen nombres de países y diez, de nacionalidades. Se extienden todas y se colocan de manera que no se puedan leer las palabras escritas en ellas. Cada alumno descubre dos y si forma una pareja (un país y la nacionalidad correspondiente) se queda con ellas. Gana el que logra reunir más parejas.

— **Pasa la pelota**. Se juega en grupos de seis u ocho alumnos con una pelota. Puede hacerse una de papel. El alumno que tiene la pelota dice el nombre de un país y pasa la pelota a otro compañero. El que la recibe tiene que decir el nombre de la nacionalidad correspondiente.

 El profesor presenta las estructuras propuestas señalándose a sí mismo y diciendo de dónde es. A continuación pregunta a determinados alumnos la respuesta. Es importante insistir en los aspectos relativos a la presencia y ausencia del pronombre sujeto **yo**, así como en el hecho de que utilizamos la preposición **de** cuando queremos indicar que procedemos de una ciudad concreta, si bien podemos hacerlo también con países de escasa proyección en el ámbito internacional.

a) Leen el diálogo individualmente.
Ejercicios de repetición coral e individual.

b) Pasean por la clase para preguntar a sus compañeros de dónde son, previa demostración profesor-alumno y alumno-alumno.

Nota.

Si en la clase hay alumnos del mismo país, se introduce **también** («Yo también soy japonés»). En clases en las que todos los miembros tengan la misma nacionalidad se les puede dar la posibilidad de que elija cada uno la nacionalidad que quiera.

 Introducción de la tercera persona del singular con fotos de personas famosas y diciendo de dónde son. A continuación se pregunta a determinados alumnos de dónde es el compañero con el que han trabajado en la actividad 5 b).

Ejercicios de repetición coral e individual.

Presente «no sé» mediante mímica antes de que los alumnos realicen la actividad propuesta.

 El profesor presentará la palabra «lengua» y comentará sus posibles significados.

Introducción de **hablo y hablas** refiriéndose a la(s) lengua(s) que habla el profesor y preguntando a los alumnos las que hablan ellos.

a) Leen el diálogo.

 b) Escuchan y repiten coral e individualmente.

c) Se preguntan en parejas.

SUGERENCIA

Simulación de una fiesta en la que el profesor es el anfitrión. Los invitados (los alumnos) van llegando y se van presentando. Esta actividad permite la práctica de presentaciones, preguntar y decir de dónde son y qué lenguas hablan. Es importante poner música de fondo para hacer más realista la situación y para que los alumnos se sientan más relajados.

 Presentación de países donde se habla español y preguntas sobre la lengua que se habla en algún otro país. Se puede hacer referencia a Cataluña, Galicia y el País Vasco.

Realizan la actividad en parejas (hacen las preguntas por turnos). Puede plantearse a modo de juego para ver quién responde correctamente a más preguntas.

Lenguas que se hablan en los países propuestos:

— Inglés en Jamaica y Nueva Zelanda.
— Francés en Mónaco.
— Español en Nicaragua, Colombia y Uruguay.
— Portugués en Brasil.
— Italiano en San Marino.
— Alemán en Austria.

 Antes de observar los dibujos detenidamente, se les hace ver cuáles son las frases con las que se va a trabajar:

«¿Cómo se dice ... en español?»
«No sé» (ya se ha introducido antes).
«Más despacio, por favor».
«Más alto, por favor».

a) Observan las ilustraciones y leen individualmente.

Es conveniente asegurarse de que han captado el significado. Para ello se sugiere:

— Hacer preguntas: «¿cómo se dice (palabra que ya conocen) en (lengua de los alumnos)?»

— Decir frases a velocidad muy rápida unas y en voz muy baja otras, a la vez que se les pide mediante gestos que reaccionen.

 b) Escuchan la grabación (o al profesor) y repiten coral e individualmente.

 En la grabación se presentan nueve casos en los que se busca la reacción del alumno para que practique el lenguaje de la actividad anterior.

Muy rápido	—¿*Cómo se dice «buenas tardes» en inglés?*
Muy bajo, casi no se oye	—¿*Cómo se dice «buenas tardes» en inglés?*
Tono y velocidad normales	—¿*Cómo se dice «buenas tardes» en inglés?*
Muy bajo, casi no se oye	—¿*Cómo se dice «gracias» en francés?*
Muy rápido	—¿*Cómo se dice «gracias» en francés?*
Tono y velocidad normales	—¿*Cómo se dice «gracias» en francés?*
Muy rápido	—¿*Cómo se dice «adiós» en italiano?*
Muy bajo, casi no se oye	—¿*Cómo se dice «adiós» en italiano?*
Tono y velocidad normales	—¿*Cómo se dice «adiós» en italiano?*

Anímeles a que usen estas «ayudas» y las practicadas en la lección 1 siempre que lo necesiten, tanto dentro como fuera del aula.

 En esta actividad se presentan de manera desordenada las frases necesarias para preguntarle al compañero (y posiblemente escribir) cómo se dicen dos palabras que han sido previamente seleccionadas por cada alumno.

Demostración previa profesor-alumno y alumno-alumno.

SUGERENCIA

El profesor lleva a clase fotocopias ampliadas de los dibujos con los que se han presentado las «ayudas» en las lecciones 1 y 2, pero con las burbujas vacías, y las distribuye entre grupos de varios alumnos para que escriban el texto que falta. A continuación comprueban lo que han escrito y ponen las fotocopias (una con cada «ayuda») en la pared, en lugares bien visibles, a fin de que puedan recurrir a ellas siempre que lo necesiten.

a) Escuchan la cinta y leen los números para identificarlos.
b) Escuchan la cinta de nuevo (o al profesor) y repiten coral e individualmente.

Se pueden hacer encadenamientos de números. Empieza el profesor y continúan los alumnos (1, 3, 5...; 0, 2, 4...; 20, 19, 18...).

a) Se explica en qué consiste el juego del Bingo y luego completan el cartón con números. Pueden escribir en el libro, pero se recomienda que lo hagan a lápiz.
b) Al oír sus números los alumnos los marcan en su cartón.

Cuando un estudiante cante Bingo, conviene comprobar si lo ha hecho correctamente. Para ello se le pide que escriba sus números en la pizarra y que los diga en voz alta. Si se equivoca, se continúa el juego hasta que otro estudiante cante Bingo.

tres - dieciséis - nueve - catorce - siete - dos - quince - cero - once - diecinueve - cinco - doce - uno - cuatro - dieciocho - veinte - seis - diecisiete - trece - ocho - diez.

Se pide a los alumnos que escriban ocho números del cero al veinte y que se los dicten al compañero. Finalmente deben comprobar si coinciden los números dictados con los copiados.

SUGERENCIAS

— En parejas. Un alumno escribe seis números del cero al veinte. Su compañero, sin mirarlos, dice otros diez. Anotan los números acertados.

— Se divide la clase en dos equipos. El profesor enseña una tarjeta con un número y salen dos alumnos (uno de cada equipo) a la pizarra para ver quién es el primero que lo escribe correctamente con letras. El que lo hace consigue un punto para su equipo. Así sucesivamente.

Y TAMBIÉN...

El objetivo de esta actividad es mostrar al alumno la importancia del español en el mundo.

a) Explicar **verdadero** o **falso** refiriéndose al nombre. El profesor dice:

«Me llamo (nombre falso)». Falso.
«Me llamo (su nombre)». Verdadero.

Es aconsejable asegurarse de que han captado los conceptos mencionados haciendo alusión a nombres de alumnos.

Leen individualmente las frases y se les explican las palabras clave para que puedan lograr la comprensión global de cada una de ellas.

A continuación señalan las respuestas que crean adecuadas.

b) Antes de proceder a la lectura individual con carácter selectivo conviene asegurarse de que conocen el significado de «superior».

Es importante hacerles ver que sólo se les pide que busquen en el texto la información relacionada con las frases leídas anteriormente.

Leen y comprueban lo acertado de sus respuestas. Puesta en común en grupo-clase.

Para finalizar, puede dirigir un comentario sobre la creciente importancia del español en el mundo.

LECCIÓN 3

Precalentamiento

El profesor dice una nacionalidad y los alumnos contestan con nombres de persona de esa nacionalidad. Ejemplo:

Profesor: «Italiano».
Alumno: «Giovanni, Paolo...».
Profesor: «Italiana».
Alumno: «Paola».

 Presente el significado de la palabra **profesión**. Pida a los alumnos un equivalente a cada nombre de profesión en su lengua materna.

El profesor subraya la primera profesión («Secretaria») y continúan los alumnos individualmente.

Comprobación en grupo-clase.

Ejercicios de repetición coral e individual para trabajar la pronunciación.

 Introduzca el concepto de **lugar de trabajo** refiriéndose al suyo.

Los alumnos pueden buscar en un diccionario bilingüe las palabras que no conozcan.

Ejercicios de repetición coral e individual.

Hacen individualmente el ejercicio de relacionar.

Comprobación en parejas.

Corrección en grupo-clase.

 Presente **un** y **una**. Explique a los alumnos la concordancia en género con el sustantivo. Muéstreles la necesidad de aprender de memoria el género de las palabras referentes a realidades no sexuadas, ya que puede darse el caso de que no exista esa diferenciación en su lengua o, si existe, el género puede no coincidir con el que tienen en español («Un bureau»-«Una oficina»).

Para la práctica es aconsejable hacer un ejercicio oral del tipo:

Profesor: «Bar»
Alumno: «Un bar».

 Diga varias veces «Soy profesor». A continuación pregunte a diferentes alumnos: «Y tú, ¿qué haces?» Extraiga las respuestas de los alumnos. Si no saben cómo se dice su profesión en español, estimúleles a que se lo pregunten. Si alguno responde: «Soy estudiante», pregúntele: «¿Qué estudias?» y extraiga las respuestas de los alumnos. Pida a algunos alumnos que formulen las preguntas a otros.

 a) Los alumnos escuchan la grabación y leen el texto. Asegúrese de que comprenden todo.

b) Escuchan la cinta de nuevo y repiten coral e individualmente.

c) Estimule a los alumnos a que le pregunten cómo se dice en español el lugar donde estudian o trabajan si aún no lo saben. No debe pretender que cada alumno aprenda todas las palabras nuevas que puedan surgir, pero sí las que necesite para hablar de sí mismo en el apartado siguiente.

d) Práctica en parejas, previa demostración profesor-alumno y alumno-alumno.

 Actividad a realizar en grupos de seis alumnos. Se puede presentar a modo de juego para ver en qué grupo hay más personas con la misma profesión o cuántas estudian y cuántas trabajan.

Si todos los alumnos de la clase son estudiantes, podrán elegir la profesión que deseen.

SUGERENCIA

¿Tienes buena memoria?

1. Cada alumno pregunta a los demás qué hacen y dónde trabajan.

2. En dos minutos escriben el nombre, la profesión y el lugar de trabajo del máximo número de compañeros. Gana el que consigue escribir más.

 Introduzca la tercera persona del singular de los verbos **ser**, **estudiar** y **trabajar** refiriéndose a las profesiones, estudios y lugares de trabajo de algunos alumnos. Puede utilizar las fotos de la actividad 1 con el mismo fin.

Ejercicios de repetición coral e individual.

a) Pida a los alumnos que miren los dibujos y lean las frases que hay en ellos. Asegúrese de que han captado la dinámica del juego.

b) Juegan en grupos de ocho. Un alumno piensa en un compañero y dice cuál es su profesión y dónde trabaja o qué estudia. El resto tiene que adivinar quién es.

En a) y b) se llevan a cabo los pasos propuestos en la actividad 12 de la lección 2, excepto los encadenamientos de números sugeridos en esa actividad. Aquí se harán por decenas (0, 10, 20...; 100, 90, 80...).

Resalte la diferencia entre **veintiuno** (una palabra, con **i**) y **treinta y uno, cuarenta y uno**... (tres palabras, con **y**). Mencione otros números entre los que se da esa diferencia.

c) Los alumnos tienen que deducir las reglas de formación de decenas y aplicarlas a los números presentados. Piensan y practican individualmente su pronunciación.

Comprobación: pida a determinados alumnos que los digan en voz alta.

 Antes de escuchar la grabación los alumnos dicen los números propuestos.

Escuchan la grabación y marcan los números que oigan.

A. — ¿Cuánto dura la clase?
   • Cincuenta minutos.

B. — ¿El Código de teléfono de Suiza, por favor?
   • Cuarenta y uno.

C. — ¿Tienes hora?
   • Sí. Las doce.

D. — ¿Cuál es mi clase?
   • La número trece.

E. — ¿El prefijo de Madrid?
   • El noventa y uno.

F. — ¿Cuántos años tiene tu padre?
   • Sesenta y siete.

G. — ¿Cuál es tu dirección?
   • Calle Bogotá, ochenta, segundo A.

H. — ¿Toledo está muy lejos de aquí?
   • No. A sesenta kilómetros.

SUGERENCIAS

— **Pasa la pelota** (ver dinámica del juego en la actividad 4 de la lección 2). En este caso el alumno que pasa la pelota dice un número (37) y el que la recibe lo invierte mentalmente y nombra el número resultante (73). Se puede plantear a modo de juego eliminatorio: el alumno que no responda o lo haga incorrectamente queda eliminado. Gana el o los que no sean eliminados al cabo de un espacio de tiempo que el profesor considere suficiente.

— **Mayor/menor**, en pequeños grupos. Un alumno piensa un número del 0 al 99 y sus compañeros intentan adivinarlo. Para ello el alumno que ha pensado el número les da pistas, indicando si su número es mayor o menor que los que dicen sus compañeros.

 Presentación de **calle, plaza, avenida, paseo** y **número** con un plano real de la ciudad donde están o con dibujos sencillos en la pizarra.

a) Leen las direcciones de los sobres y subrayan las abreviaturas pedidas.

b) Introduzca **está, dirección, vive** y **código postal** refiriéndose a lugares y direcciones que conozcan los alumnos.
   Pídales que lean las frases de la actividad de «verdadero o falso» y asegúrese de que las entienden.

   Señalan la columna correspondiente. Comprobación con el compañero. Corrección en grupo-clase.

 El profesor dice dónde vive mostrando una tarjeta de visita o un sobre con su dirección. A continuación pregunta a determinados alumnos dónde viven ellos.

a) Escuchan la grabación y leen.

b) Escuchan cada frase y repiten coral e individualmente.

c) Paseando por la clase se preguntan la dirección. Es aconsejable que la escriban en un papel y se la enseñen al compañero que se la ha dictado para que compruebe si ha sido escrita correctamente.

Enseñe individualmente los números superiores a cien que ciertos alumnos puedan necesitar para decir su dirección.

a) Pida a los alumnos que miren el dibujo y que lean el texto de las burbujas. Compruebe si conocen el significado de la palabra «Información» y los nombres de las profesiones y lugares de trabajo de los dos personajes.

Nota.

Explique las dos maneras de decir los números de teléfono: cifra a cifra o en grupos de cifras.

Comente que en España los números de teléfono tienen seis cifras, excepto los correspondientes a Madrid, Barcelona, Vizcaya, Sevilla y Valencia, que tienen siete.

b) Escucha con pausas para que tengan tiempo de escribir los números de teléfono que se mencionan.

> Comprobación en parejas.
> Puesta en común en grupo-clase.
> Escucha de los puntos en los que discrepen.
> Puesta en común de dichos puntos en grupo-clase.
> Escucha seguida de comprobación.

A. — *Información.*
- *Oiga, ¿me puede dar el teléfono del Aeropuerto, por favor?*
- *— El dos-cero-cinco-ochenta y tres-cuarenta y tres.*

B. — *Información, buenos días.*
- *¿Me puede decir el teléfono de la estación de autobuses, por favor?*
- *— Cuatro-sesenta y ocho-cuarenta y dos-cero-cero.*
- *Muchas gracias.*

C. — *Información.*
- *Buenos días. ¿Me podría decir el teléfono de Luis Martínez, en el número veinte de la calle Perú?*
- *— ¿El segundo apellido?*
- *Castro.*
- *— Tome nota: dos-cincuenta y seis-veinticinco-dieciocho.*
- *Gracias.*

D. — *Información, buenas tardes.*
- *¿Me puede dar el número del Hospital Ramón y Cajal, por favor?*
- *— Un momento.*
  Tome nota: tres-treinta y seis-ochenta-cero-cero.
- *Muchas gracias. Adiós.*
- *— De nada. Adiós.*

⑫ Se trata de la primera actividad de vacío de información que aparece en el libro.

Presente el vocabulario nuevo.

Procedimiento: ver página 6, **vacíos de información**.

⑬ a) Los alumnos escuchan y leen los diálogos. Pídales su número de teléfono para comprobar si han comprendido todo.

b) Escuchan y repiten coral e individualmente.

c) Los alumnos se piden unos a otros el número de teléfono y lo escriben. Es importante que supervisen el número anotado por el compañero.

⑭ Procedimiento: seguir los pasos sugeridos para las **escuchas selectivas** (página 6).

Miguel: Sí, ¿dígame?
Secretaria: Buenos días. ¿Está Miguel Ruiz?
Miguel: Sí, soy yo.
Secretaria: Mira, te llamo del Centro de Estudios Fotográficos. Es que necesitamos algunos datos tuyos y como no puedes venir...
Miguel: ¡Ah! Vale...
Secretaria: ¿Tu segundo apellido?
Miguel: López.
Secretaria: ¿Nacionalidad?
Miguel: Español.
Secretaria: ¿Profesión?
Miguel: Estudiante.
Secretaria: ¿Tu dirección?
Miguel: Calle Colonia, número veinte, ático A.
Secretaria: En Madrid.
Miguel: Sí.
Secretaria: ¿Y el código postal?
Miguel: El veintiocho, cero, diecisiete.
Secretaria: El teléfono ya lo tenemos. Bien, es todo. Muchas gracias.
Miguel: De nada. Hasta el día quince.
Secretaria: Adiós.

⑮ Actividad de práctica libre en la que se integran la mayor parte de los contenidos vistos hasta el momento. Los alumnos tienen que elegir un personaje famoso y asumir su personalidad. En la ficha se piden algunos datos que los alumnos desconocerán y que tendrán que imaginarse.

a) Rellenan la ficha individualmente.

b) Un miembro de la pareja pide los datos al compañero y los anota.

c) Comprobación de los mismos y comentario de los posibles problemas antes de proceder al cambio de papeles.

LECCIÓN 4

Precalentamiento

En grupos de cinco o seis. Un alumno elige la profesión que desee y hace mimo. Los otros tienen que adivinar cuál es. Pueden hacer preguntas cuyas respuestas sólo puedan ser «sí» o «no» («¿Trabajas en...?»; «¿Eres...?»).

❶ Pida a los alumnos que observen los dibujos y pregúnteles dónde están las personas que aparecen en ellos.

Presente y explique «relación formal e informal».

Facilíteles la comprensión de las preguntas y pídales que decidan las respuestas individualmente. Procédase finalmente a la puesta en común.

 ❷ Los alumnos escuchan las dos conversaciones y las siguen en el libro.

Una vez aclarado el significado del vocabulario nuevo, proceda a la realización de una segunda audición.

Proponga una práctica dirigida: tres alumnos (A, B y C) leen el primer diálogo en voz alta. Ayúdeles a resolver los problemas que surjan. Si detecta alguna dificultad especial en alguna frase, haga que repitan dando usted el modelo.

Puede seguir el mismo procedimiento con el segundo diálogo.

Los alumnos practican, en grupos de tres, los diálogos del libro utilizando la técnica de leer, alzar la vista y hablar.

❸ a) Práctica de una presentación informal asumiendo cada uno de los tres alumnos su propia personalidad.

b) Se forman nuevos grupos y practican una presentación formal.

Asegúrese de que en a) conocen los nombres de los otros dos componentes del grupo, y en b), los apellidos.

❹ a) Pida a los alumnos que lean los diálogos individualmente y asegúrese de que comprenden todo. A continuación observan los dibujos y escriben cada diálogo debajo del dibujo correspondiente.

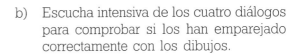 b) Escucha intensiva de los cuatro diálogos para comprobar si los han emparejado correctamente con los dibujos.

Respuestas:
A-3; B-4; C-2; D-1.

❺ Sugiera a los alumnos que lean los diálogos de la actividad anterior para que a continuación traten de deducir en parejas cuándo se usa el artículo determinado con los términos propuestos.

Puesta en común en grupo-clase.

Explique que no usamos el artículo determinado cuando nos dirigimos a una persona y sabemos o creemos que es ella; en los casos restantes su uso es obligatorio.

❻ Pida a los alumnos que busquen las abreviaturas y que las deletreen. Introduzca la palabra «punto».

Para realizar la tarea pedida los alumnos deben asumir la personalidad del chico joven que aparece en los cuatro dibujos. Infórmeles de que puede haber más de una frase posible en cada caso, pero sólo se les pide que escriban una.

Comprobación en parejas.

Puesta en común en grupo-clase. Anímeles a que corrijan ellos mismos a sus compañeros.

❼ «Motesa» es el nombre de una empresa imaginaria.

Sonsaque el significado de la palabra «empresa» (es probable que haya surgido en la actividad 4 de la lección 3).

Procedimiento: ver página 7, **simulaciones**.

❽ Pida a los alumnos que lean con atención las frases presentadas.

Estimúleles a que deduzcan con qué forma verbal ya estudiada coincide la correspondiente a **usted** (con la correspondiente a **él** y **ella**). Resalte que la forma es la misma, pero no el significado.

Indique en la lengua de los alumnos cuáles son los factores que pueden llevar a utilizar «tú» o «usted»: relación entre los interlocutores, cortesía, jerarquía, edad, etcétera.

❾ Los alumnos copian cada una de las frases propuestas en la columna correspondiente.

Corrección en grupo-clase.

Escuchan cada uno de los diálogos y señalan **tú** o **usted**, según se trate de un diálogo en estilo informal o formal.

Puesta en común en grupo-clase y escucha de los diálogos en los que discrepen.

Nueva escucha de cada diálogo para que digan qué palabra o palabras les han servido para decidir si era **tú** o **usted**.

1. — *Usted es mexicano, ¿verdad?*
   • *No, colombiano.*
2. — *Hasta mañana, señor Díaz.*
   • *Adiós, señorita Montero.*
3. — *Yo a ti te conozco... ¡Hombre, tú eres Nacho Soto!*
   • *¡Y tú, Blanca González!*
4. — *Trabajas en un banco ¿no?*
   • *No, no. En una agencia de viajes.*
5. — *¿Y qué estudia?*
   • *Medicina.*

 Puede plantear la siguiente situación: están en una fiesta de alta sociedad sin motivo aparente y no conocen a ninguna de las personas que hay en ese momento. Entablan conversación entre ellas y hablan de los temas citados en el Libro del alumno.

Antes de empezar, pregunte a los alumnos qué tratamiento se emplea normalmente en una situación de ese tipo (formal).

Para alcanzar un mayor grado de ambientación es aconsejable el uso de música clásica.

Y TAMBIÉN...

Este apartado lo dedicaremos a trabajar ciertos aspectos relacionados con la pronunciación del sonido /r̄/, que tantos problemas causa a muchos de nuestros alumnos.

 Pida a los estudiantes que lean individualmente las palabras presentadas y pregúnteles qué tienen todas ellas en común (el sonido /r̄/). A continuación las pronuncian, primero en voz baja y luego en voz alta.

 a) Escuchan y repiten cada una de esas palabras.

Deles las indicaciones necesarias para lograr la correcta pronunciación del sonido /r̄/. Recuerde que el soporte gráfico que usted les proporcione puede resultarles de gran utilidad.

b) Pida a los alumnos que pronuncien nuevamente esas palabras aplicando las instrucciones dadas en el apartado anterior.

 Explique el cuadro en el que se presentan las reglas ortográficas relacionadas con dicho sonido.

Trabalenguas para practicar la pronunciación del sonido visto.

Es importante que comprendan su significado. Para ello, se les pide que observen el dibujo y se les explica el vocabulario necesario.

El profesor lo dice en voz alta y los alumnos repiten coral e individualmente (pueden leerlo).

Practican en voz alta.

Se pide a determinados alumnos que digan el trabalenguas.

LECCIÓN 5

Precalentamiento

Se escriben las letras **P**, **A** y **T** en la pizarra y se pide a los alumnos que escriban, en parejas y en el plazo de dos minutos, el mayor número de palabras que empiecen por esas letras. Conviene dar algún ejemplo. Cuando terminen se comprueba si las han escrito correctamente y se señalan las que han escrito incorrectamente.

A continuación cada pareja le dice a la clase sus palabras correctas y ésta va haciendo el recuento. Gana la pareja que haya logrado escribir correctamente mayor número de palabras.

 Asegúrese de que los alumnos entienden el significado del término **familia**.

Pídales que observen la ilustración y que lean las frases. Introduzca la forma verbal **son** si aún no la conocen.

Pídales que subrayen los nombres de parentesco que aparecen en las frases, que deduzcan el significado de cada uno de ellos y que lo traduzcan a su lengua materna. Pueden comprobarlo consultando un diccionario bilingüe.

 a) Centre la atención de los alumnos en el cuadro donde se presenta el léxico relativo a la familia.

Haga notar la diferencia existente entre la forma masculina y la femenina correspondientes a cada concepto.

Es aconsejable realizar un ejercicio en el que el profesor dice una forma masculina y los alumnos, la femenina. Después, al contrario. Finalmente las va alternando.

b) Se dibuja en la pizarra el árbol genealógico de la familia Chicote.

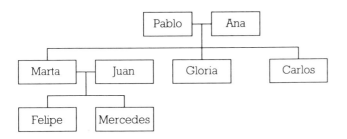

A continuación los alumnos se fijan en el árbol para descubrir los nombres de las personas a las que se alude en cada frase (pueden leer las frases de la actividad 1).

Puesta en común.

c) Se les da un minuto de tiempo para que escriban frases similares a las del apartado b). A continuación se las leen al compañero para que diga de quién se trata en cada caso.

 Los alumnos proceden a la lectura individual del texto.

Explique el vocabulario nuevo.

Hágales preguntas con ese vocabulario para asegurarse de que lo comprenden («¿Cómo se llama tu hermano/a mayor?», «¿Estás casada?», etc.).

Pídales que escriban los nombres propuestos debajo de los dibujos correspondientes.

Comprobación en parejas.

Corrección en grupo-clase: los alumnos ayudan al profesor a completar el árbol genealógico de la familia, con los correspondientes nombres, que ha dibujado en la pizarra.

Solución:

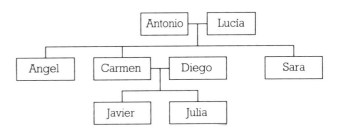

 Como paso previo a la actividad planteada en el Libro del alumno se les puede pedir que escuchen toda la grabación y que cuenten el número de veces que oigan algún nombre de parentesco (hermana se menciona dos veces). Deje bien claro que de momento sólo se les pide esa tarea.

A continuación se les dice que miren el árbol familiar de la actividad anterior porque van a escuchar a una persona de esa familia hablando; ellos deben decidir quién es.

Solución: Sara.

«*A ver si adivináis quién soy. Es muy fácil. Mirad, mi padre se llama Antonio y mi madre, Lucía. Tengo un hermano, Ángel, y una hermana. También tengo un sobrino muy gracioso y una sobrina preciosa. ¡Ah!... se me olvidaba: mi hermana está casada con Diego y se llama Carmen. ¿Sabéis ya quién soy?»*

A continuación se les puede hacer leer la transcripción del monólogo de Sara y, si el profesor lo cree conveniente y el nivel del grupo lo permite, los alumnos pueden escribir, en parejas o individualmente, un párrafo similar. Posteriormente lo leen al resto de la clase, que debe adivinar qué miembro de esa familia está hablando.

5 Para introducir la actividad se les puede decir que cierren los libros y mostrarles la ilustración del libro que tenga el profesor. Se puede preguntar a los alumnos dónde están los personajes y cuáles son sus profesiones. Seguramente dirán que la chica es periodista. Se explica lo que es una «encuesta» y una «encuestadora». La profesión del chico se puede plantear a modo de juego: cada alumno dice una profesión y a continuación, mediante la lectura y la audición, comprueban si han acertado o no.

a) Escuchan la encuesta y la leen en el libro.

Explique el vocabulario nuevo. Puede realizar una práctica formulando preguntas que incluyan ese vocabulario a los alumnos.

b) Antes de que digan las frases es conveniente recordarles cuál es la entonación de las frases interrogativas.

c) Escuchan esas frases y comprueban la pronunciación y la entonación.

Se pueden hacer ejercicios de repetición coral e individual escuchando la casete o al profesor.

6 Los alumnos completan individualmente el cuadro con las formas verbales pedidas. Si tienen problemas, pueden consultar el texto de la actividad 3 y la encuesta de la actividad 5 a).

Corrección en grupo-clase.

7 Introduzca **maestra, ama de casa** y **jubilado**. Asegúrese mediante preguntas de que han entendido las explicaciones.

Antes de proceder a la audición, informe a los alumnos de que van a escuchar una entrevista para una encuesta.

Procedimiento: seguir los pasos sugeridos para las **escuchas selectivas** (página 6).

— Oye, perdona, ¿tienes un momentito?
• Si es rápido...
— Mira, es que estamos haciendo una encuesta sobre la familia española. ¿Podría hacerte unas preguntas?
• Sí, sí. Dime.
— Mira, ¿estás casada?
• Sí.
— ¿Y tienes hijos?
• Sí, una hija de dos años.
— ¿Trabajas fuera de casa?
• Sí, soy maestra.
— ¿Y tu marido?
• Es profesor de inglés en un Instituto.
— A ver... ¿Tienes hermanos?
• Sí, dos hermanas.
— ¿Y a qué se dedican?
• La mayor es enfermera y la pequeña, médica.
— ¿Y tus padres?
• Mi padre está jubilado y mi madre es ama de casa.
— Bien, pues esto es todo. Muchas gracias por tu colaboración.
• De nada. Adiós.
— Adiós.

Nota.

Es conveniente que el profesor prevea qué día se va a realizar la actividad 15. Tendrá que pedir a los alumnos que traigan, ese día, una foto de su familia o, en su defecto, la de una familia a la que les gustaría pertenecer (la pueden encontrar en cualquier revista).

 Actividad comunicativa que integra las cuatro destrezas.

a) Copian la ficha de la actividad 7 y la rellenan con información relativa a ellos mismos y a su familia.

b) Se les da un papel idéntico a todos los alumnos para que pidan a un compañero la información con la que ha rellenado la ficha y la escriben en él.

c) Doblan la ficha de modo que no se pueda ver lo que han escrito y se lo dan al profesor. Éste, a su vez, las reparte entre todos los estudiantes asegurándose de que no le da a ningún alumno el papel que ha escrito antes o el que contiene información sobre su familia.

d) Cada uno lee por turnos y en voz alta el papel que ha recibido. El alumno a cuya familia se esté aludiendo debe decir: «¡Es mi familia!» cuando la reconozca. Puede ocurrir que varios alumnos reconozcan a la vez a su familia; en ese caso, el que está leyendo les puede hacer preguntas concretas sobre sus familias para comprobar si son iguales o si se trata de una equivocación.

9 Explique la situación planteada y la parte de la carta que aparece en el Libro del alumno. A continuación pídales que completen la carta, en la que sólo tienen que escribir sobre su familia: número de miembros, edad, estado civil y profesión de cada uno de ellos.

10 a) Pida a los alumnos que lean y observen los caracteres de las palabras propuestas para deducir su significado. Asegúrese de que las entienden. Comente el género femenino de los adjetivos y escríbalos en la pizarra con la ayuda de los alumnos.

Ejercicio de repetición coral e individual.

También se puede hacer un ejercicio oral de contrarios: el profesor dice un adjetivo (masculino o femenino) y los alumnos, otro que signifique lo contrario. Los colores se pueden trabajar con objetos de la clase. Presente los más comunes: **verde**, **negro**, **marrón**, **azul**, **gris**, **blanco**, **rojo** y **amarillo**.

b) Los alumnos escriben individualmente los adjetivos necesarios para describir a cada uno de los dos personajes.

Puesta en común en grupo-clase.

11 Leen y relacionan las descripciones con las fotos.

Puesta en común.

Preste especial atención a la presencia de los gradativos **muy**, **bastante** y **un poco**.

Pregunte a sus alumnos si alguna de las descripciones que aparecen en el libro podría aplicarse a algún miembro de la clase.

12 a) Escriben individualmente cada una de las palabras de la actividad 10 en la columna que corresponda para luego formar frases con ellas.

SUGERENCIAS

1. **Pasa la pelota.** En grupos de seis u ocho. Un alumno dice un sustantivo y/o un adjetivo y pasa la pelota a otro. El que la recibe debe decir una frase incluyendo esa(s) palabra(s); por ejemplo: «Gafas» → «Lleva gafas».

2. Se divide la pizarra en tres partes. En cada parte se escribe una palabra: «ES», «LLEVA» o «TIENE». Un alumno lanza la pelota contra la pizarra y dice el nombre de un compañero. Éste tiene que decir una frase que empiece por la palabra que figura en la parte donde ha tocado la pelota; por ejemplo, si la pelota cae dentro de la palabra «LLEVA», el alumno nombrado podría decir: «Lleva gafas».

b) Existen dos formas de realizar esta actividad:

1. Los alumnos escriben frases sin referirse a nadie en concreto. Posteriormente, cuando las dicen en voz alta, sus compañeros deben identificar a miembros de la clase a quienes se les podría aplicar.

2. Eligen a un compañero y lo van describiendo frase a frase, comenzando por rasgos físicos que comparta con otros alumnos hasta llegar a un rasgo que le defina de manera exclusiva.

SUGERENCIA

Cada alumno escribe un párrafo describiendo a un compañero cualquiera y luego lo intercambia con su compañero más próximo, que tiene que adivinar de quién se trata. Finalmente se les pide que corrijan los posibles errores.

 a) Pida a los alumnos que observen el dibujo y que lean el titular del periódico. Explique el vocabulario nuevo para facilitar su comprensión. Asegúrese de que han captado la situación planteada.

b) Actividad de escucha con carácter selectivo.

Los alumnos observan los cuatro dibujos detenidamente antes de escuchar la conversación de Roberto con el mayordomo en la que éste describe al amigo de Carmen. Su función consiste en descubrir cuál es el dibujo que corresponde a la persona descrita. Introduzca «Es éste» para que puedan identificarla en la puesta en común.

Solución: es el chico del dibujo número cuatro.

Si lo desea, puede explicarles que Roberto sospecha de uno de sus guardaespaldas.

— *¡Pero, bueno! ¿Y no ha dicho nada?*
• *«Adiós», es lo único que ha dicho.*
— *Y la señora, ¿estaba enfadada.... o triste... o algo...?*
• *No, no. Al contrario, estaba muy contenta.*
— *¿Y ese hombre? ¿Lo conoce usted? ¿Lo ha visto alguna vez?*
• *Nunca, señor...*
— *Y, bueno, ¿cómo es? ¿Qué aspecto tiene?*
• *Pues... muy alto, rubio, de pelo rizado... ojos azules...*
— *¿Es joven?*
• *Sí, muy joven; tendrá... pues unos veinticinco años...*
— *¡Siga! ¡Siga!*
• *... delgado... muy guapo... lleva bigote...*
— *¿Lleva pelo largo?*
• *Sí, sí, muy largo...*
— *¡No... no, no! ¡Imposible!... ¡No puede ser uno de mis guardaespaldas!*

c) Cada alumno elige mentalmente a una de esas cuatro personas y observa atentamente su dibujo. Luego se la describe a su compañero para que la identifique. Esta actividad se puede presentar a modo de juego: gana el que tiene que dar más pistas o, si se prefiere, el que tiene que dar menos (en este caso el alumno tendría que ser más preciso en la descripción).

a) Compruebe si conocen el significado de alguno de los adjetivos de carácter propuestos. En caso afirmativo, procure que se los enseñen a los compañeros que aún los desconozcan. Introduzca usted los restantes.

b) Eligen individualmente a un personaje famoso cuyo carácter pueda ser descrito con dos o tres de los adjetivos vistos en el apartado anterior.

c) Cada alumno dice la profesión y la nacionalidad de la persona en la que ha pensado y describe su aspecto y su carácter. El resto de la clase tiene que adivinar de quién se trata.

Para realizar esta actividad comunicativa ya se les pidió después de la actividad 7 que trajesen una foto de su familia o de una familia a la que les gustaría pertenecer. Si hay algunos alumnos que no la han traído, se la da el profesor (conviene asegurarse de que ninguna pareja tiene dos fotos idénticas).

Se les introduce, sirviéndose de una foto, las siguientes frases:

«Mira, una foto de mi familia».
«A ver, a ver...»
«Éste(a) es...»
«Y éste(a) ¿quién es?»

A continuación cada alumno le enseña la foto a su compañero y proceden a la interacción propuesta.

REPASO 1

Un juego

Se trata de una variante del juego «pasa la pelota».

Los alumnos se ponen de pie y en círculo (en clases numerosas, se forman grupos de seis u ocho). El profesor dice el nombre de un campo léxico estudiado en las cinco primeras lecciones (profesiones, países, nacionalidades, números, descripción física, familia, etc.). El alumno que recibe la pelota tiene que decir una palabra perteneciente a ese campo léxico y pasa la pelota a otro alumno, que debe hacer lo mismo. Cuando el profesor considere que ya han dicho suficientes palabras, nombra otro campo léxico y así sucesivamente. Puede presentarse a modo de juego eliminatorio, quedando excluidos aquellos alumnos que no digan nada o digan palabras que no pertenezcan al campo semántico propuesto por el profesor.

a) Explique el significado de «empresario» preguntando a los alumnos.

Resalte que se trata de una lectura selectiva y que, por tanto, no se les pide que entiendan todo. Uno de los objetivos de esta actividad es hacer ver al alumno cuánto entiende, no lo que no entiende.

Respuestas:

Juan Manuel; Valencia; Rojo; uruguayo; padres, madres, hijos; empresario; empresa.

Comprobación en parejas.

Corrección en grupo-clase.

b) Explique que se trata de una actividad de escucha selectiva. Procédase a la audición seguida para que los alumnos numeren las palabras de la lista elaborada anteriormente.

Respuestas:

1. Empresario.
2. Padres, madres, hijos.
3. Uruguayo.
4. Valencia.
5. Empresa.

Comprobación en parejas.

Corrección en grupo-clase.

Escucha de los puntos en los que discrepen y puesta en común.

— *Esta mañana he leído una noticia que me ha llamado mucho la atención.*
• *¿Qué decía?*
— *Se trataba de un empresario que sólo da trabajo a jóvenes que buscan su primer empleo, a mayores de cincuenta años y... ahora no me acuerdo... ¡Ah, sí! A padres y madres de familia de más de cuatro hijos.*
• *¡Huy! ¡Qué raro!... ¿Es español?*
— *No. Es un uruguayo que vive en Valencia.*
• *¿Y de qué es la empresa?*
— *Es una fábrica de bicicletas.*
• *¿De qué marca?*
— *No sé. No decían la marca. ¡Ah! y aún hay otra cosa: a todos los que dejan de fumar les suben el sueldo.*
• *¿Y a los que no han fumado nunca, qué?*
— *De ésos no decía nada.*

a) Es conveniente formular algunas preguntas a los alumnos para dirigir la lectura, aceptando respuestas en su lengua materna:

— «¿Qué es?» (Un anuncio.)
— «¿De qué?» (De un programa concurso.)
— «¿Qué se puede ganar?» (Un viaje a París gratis.)
— ...

Introduzca el vocabulario nuevo que aparece en las frases del problema para facilitar la comprensión.

A continuación los alumnos leen las frases y escriben las respuestas.

b) Escucha para reconocer los nombres y las edades de las personas citadas en las frases. Comparación con sus respuestas anteriores.

Respuestas:

Elena tiene cincuenta y nueve años; Julio, sesenta y siete; Carmen, setenta y uno.

Escucha de los puntos en los que discrepen y puesta en común.

— *Sí, ¿dígame?*
• *Buenas tardes.*
— *Buenas tardes. ¿Cómo se llama?*

- *José.*
— *¿Y de dónde es, José?*
- *De Madrid.*
— *Bien, ya sabe que el programa de hoy es sobre la edad...*
- *Sí.*
— *Así que estoy obligada a hacerle una pregunta...*
- *Pues, usted dirá.*
— *¿Cuántos años tiene?*
- *Cuarenta y nueve.*
— *Bueno, ahora vamos a ver si acierta y puede pasar unos días en París completamente gratis. ¿Preparado?*
- *Sí, sí.*
— *¿Cuántos años tiene Julio?*
- *Sesenta y siete, porque tiene ocho más que Elena y Elena tiene... cincuenta y nueve.*
— *¿Y Carmen?*
- *Setenta y uno.*
— *¡Muy bien, José! Acaba de ganar un viaje de tres días a París para dos personas. ¡Enhorabuena!*
- *Gracias. Muchas gracias...*
— *Y dígame, ¿sabe ya con quién va a ir?*
- *Sí, claro. Con mi mujer.*

c) El profesor escribe las preguntas del libro en la pizarra.

Escucha selectiva con pausas para escribir las respuestas.

Comprobación en parejas.
Puesta en común.
Escucha de los puntos en los que discrepen.
Escucha de comprobación.

a) Actividad de repaso de vocabulario. El hecho de que el alumno seleccione y escriba palabras le ayudará a recordarlas en lo sucesivo. Infórmeles de que pueden escribir una misma palabra en más de un apartado.

b) Cada alumno compara su lista con la del compañero para ver si coincide alguna palabra. Es una buena ocasión para que le explique alguna que no recuerde si se da el caso.

 Pídales que lean las palabras individualmente.

Compruebe si recuerdan el significado de todas. En caso negativo, haga que los alumnos que sí se acuerdan se las expliquen al resto.

Pídales que piensen en sus contrarios. Hágales notar que en el caso de los adjetivos deben mantener el mismo género y número.

Explique las instrucciones del juego.

Demostraciones profesor-alumno, alumno-profesor y alumno-alumno.

Los alumnos juegan en parejas. El profesor supervisa el trabajo de cada pareja comprobando las respuestas y aclarando las posibles dudas y desacuerdos que puedan surgir.

SUGERENCIA

El profesor divide la pizarra en dos partes. En una escribe la mitad de las palabras propuestas y en otra, el resto. Divide la clase en parejas: «A» escribe en papelitos diferentes las palabras de la izquierda y «B», las de la derecha. El profesor recoge los papelitos de cada pareja, los mezcla y los coloca de manera que no se puedan leer las palabras. Los alumnos empiezan a jugar en parejas: cogen un papelito por turnos y tienen que decir lo contrario de la palabra que hay escrita (antes, el profesor hace la demostración). Se puede plantear a modo de juego, para ver cuál de los dos obtiene más puntos. Puntuación: respuesta correcta: un punto; respuesta incorrecta: cero puntos.

Como práctica escrita complementaria, se les puede pedir que hagan una lista de todos los contrarios.

 Comprobar si entienden todas las frases. Explicaciones de unos alumnos a otros si fuera necesario.

Se les indica que son respuestas y se les pide que piensen en las posibles preguntas.

Explique las reglas del juego ayudándose de un dibujo en la pizarra. Pregúnteles si conocen el juego y asegúrese de que han comprendido lo que tienen que hacer. Aclare que para que un alumno pueda escribir su nombre en una casilla, sus dos compañeros deben dar el visto bueno a la pregunta que haya hecho. En caso de desacuerdo, deben consultar al profesor. Se considerará que una frase está bien si tiene sentido y gramaticalmente es correcta. Sólo pueden hacer un intento, por lo cual es muy importante que piensen bien lo que vayan a decir. Si ninguno consigue tres casillas en raya, gana el que escriba su nombre en más casillas.

Demostración del profesor y algún alumno con otras frases que el profesor escribe en el tablero anteriormente dibujado en la pizarra.

Mientras juegan en grupos de tres, el profesor supervisa lo que dicen y anota los problemas que puedan tener para trabajarlos una vez terminado el juego.

  Se trata de una actividad integrada que tiene como objetivos más importantes:

— La práctica de contenidos lingüísticos aplicada a un contexto natural como es el grupo humano que constituye la clase.

— Contribuir al desarrollo de las relaciones entre sus miembros y a incrementar el grado de conocimiento personal entre los mismos.

— El tratamiento de las cuatro destrezas.

a) Se puede introducir la actividad demostrando a la clase que algunos alumnos no conocen mucho a otros. Para ello se les hace preguntas a determinados alumnos sobre otros —preguntas que el profesor crea que no pueden responder; por ejemplo, «(Nombre de un alumno), ¿cuántas hermanas tiene (nombre de otro alumno)?»

Pídales que lean los diferentes apartados del cuestionario.

Consiga que los alumnos hagan las preguntas.

Cada alumno elige a un compañero que no conozca mucho y le formula las preguntas para completar la ficha con las respuestas.

b) Se basan en dichas respuestas para escribir un texto sobre el citado compañero. Tendrán que describir su físico y su carácter, previa demostración del profesor en la pizarra.

Haga notar la necesidad de usar **y** y **pero,** así como la puntuación adecuada.

c) Cada alumno corrige el texto que ha sido escrito sobre él. Para ello, solamente subraya las palabras que cree que contienen errores. El profesor lo mira y sólo dice si, efectivamente, son errores o no, pero no los corrige.

A continuación comentan con el autor del texto los errores que ha cometido. El profesor supervisa dichos comentarios y aclara las posibles dudas y desacuerdos que puedan surgir.

Los alumnos que hayan cometido errores escriben el texto de nuevo.

d) Juego cuyo objetivo es la precisión en la expresión oral.

El profesor explica las instrucciones y cronometra el tiempo (un minuto). Trabajan en grupos de tres, con dos nuevos compañeros. Habla uno y los otros dos tratan de detectar los posibles errores para hacerle detenerse cuando cometa alguno. Continúa quien lo haya detectado y gana el alumno que esté hablando cuando concluya el minuto.

e) Le entregan los textos al profesor para que éste los ponga en la pared. El hecho de verlos expuestos aumentará la confianza de los alumnos en sí mismos y les ayudará a tomar conciencia de la utilidad de lo que están aprendiendo.

SUGERENCIA

Los alumnos leen todos los textos que deseen y luego pueden comentar algunos aspectos con toda la clase: algo nuevo que no sabían, algo que les resulte curioso, poco común, etc.

LECCIÓN 6

Precalentamiento

El profesor coloca ocho o diez fotos de personajes (famosos o no) en la pizarra. Conviene que al menos la mayoría de ellos tenga un aspecto claramente diferenciado entre sí. A continuación se pide a los alumnos que elijan a una de esas personas y que la describan mentalmente. Por último, tienen que describírsela en voz alta a sus compañeros para que adivinen de quién se trata. Antes de llevar a cabo el último paso se introduce «¿Es éste/ésta?» para facilitar la realización de la actividad.

 Esta actividad tiene como objetivo crear en el alumno hábitos de trabajo que fomenten su autonomía.

a) Cada alumno busca las cuatro palabras que quiera en un diccionario y las anota, con la traducción correspondiente.

b) Preguntan, en grupo-clase, a sus compañeros cómo se dicen en una lengua común las palabras que aún no conozcan. Es probable que, una vez que los alumnos hayan concluido su intercambio, el profesor tenga que explicar algunas palabras que éstos no hayan buscado en el diccionario.

SUGERENCIA

En clases donde los alumnos no puedan comunicarse en una lengua común, el profesor introduce el vocabulario mostrando objetos auténticos (muchos de ellos se hallan en el aula) o fotos o dibujos.

 Mientras los alumnos escriben la palabra correspondiente a cada número, el profesor supervisa la ortografía.

Corrección en grupo-clase.

 La discriminación del número de sílabas, además de iniciar al alumno en la correcta pronunciación de los diptongos, es útil para poder discriminar la sílaba más fuerte de una palabra, aspecto en el que se insistirá en lecciones posteriores.

El profesor presenta el concepto de sílaba ayudándose de palabras que los alumnos ya conozcan. Es de gran utilidad marcar y contar las sílabas con los dedos (no olvide que usted está situado frente a los alumnos, razón por la cual deberá marcar y contar de derecha a izquierda).

a) Demostración de la tarea pedida con los ejemplos que aparecen en el libro.

Escuchan la grabación y escriben cada palabra en la columna correspondiente.

Mesa - sobres - libros - silla - periódico - sellos - bolso - agenda - llaves - cuaderno - postal - diccionario - bolígrafos - lámpara - mapa - cartas.

b) La corrección puede realizarse de cualquiera de estas dos formas:

— Escuchando la grabación en la que se dicen las palabras agrupadas por el número de sílabas.

— El profesor copia en la pizarra los tres modelos propuestos en el libro y pide a varios alumnos que completen las tres columnas para proceder finalmente a la corrección entre todos.

Dos sílabas

Mesa - sobres - libros - silla - sellos - bolso - llaves - postal - mapa - cartas.

Tres sílabas

Agenda - cuaderno - lámpara.

Cuatro sílabas

Periódico - diccionario - bolígrafos.

c) Ejercicios de repetición coral e individual.

Es conveniente hacer ver al alumno la importancia de la pronunciación, el acento y la entonación en el proceso comunicativo. Una pronunciación y una entonación adecuadas harán que sus interlocutores les entiendan fácilmente, a la vez que se verá favorecida su propia capacidad de comprensión.

 a) Pida a los alumnos que observen el cuadro y explique la concordancia del artículo indeterminado con el sustantivo en género y número. Resalte el carácter invariable de **hay**.

b) Esta actividad puede ser realizada como un juego en parejas. Cada alumno dispone de diez segundos para decir, por turnos, una frase mencionando una de las cosas que hay en la mesa al mismo tiempo que va anotando el número de frases que ha conseguido decir. Gana el miembro de la pareja que logre decir más frases.

 Para a) y b) son válidas las instrucciones apuntadas en la actividad 12 de la lección 2, con una salvedad: se pueden hacer encadenamientos de números por centenas (0, 100, 200...; 1.000, 900, 800...).

Resalte los siguientes aspectos:

— Alternancia **cien/ciento**.

— Ausencia de **y** entre la centena y la decena, y entre el millar y la centena.

— Concordancia de género de la centena con el sustantivo, excepto en los casos de **cien** y **ciento**.

c) Los alumnos practican individualmente la pronunciación de los números propuestos. A continuación pida a algunos de ellos que los digan en voz alta. Por último, invíteles a que comenten con sus compañeros las peculiaridades del español con respecto a su lengua en lo referente a los números vistos.

 Pida a los alumnos que digan los números que aparecen en el libro del alumno.

Escuchan los diálogos y marcan el número que oigan en cada uno de ellos.

a) — ¿Cuánto es?
   • A ver... una cerveza y un vino... doscientas setenta pesetas.

b) — ¿Cuánto cuesta este diccionario?
   • ¿Éste?
   — Sí.
   • Mil trescientas pesetas.

c) — ¿A qué altura de Gran Vía vives?
   • En el número noventa y dos.

d) — Oye, ¿qué número de asiento tienes?
   • A ver... el sesenta y seis.

e) — Tú vives cerca de aquí, ¿verdad?
   • A unos quinientos metros.

 Pídales que miren el dibujo y asegúrese de que han comprendido en qué consiste el juego. Forme grupos de seis u ocho miembros antes de empezar a jugar.

SUGERENCIA

Un alumno piensa en un número y sus compañeros tratan de adivinarlo. Según van diciendo números, aquél va dando pistas («Más»/«Menos»).

 Pídales que observen la foto y que intenten deducir la diferencia entre **billete** y **moneda**.

Escriba el valor de cada billete y de cada moneda en la pizarra y haga que los alumnos digan el valor correspondiente en cada caso.

 a) Pida a los alumnos que observen la lista y explique de qué se trata. Pregúnteles dónde pueden encontrar este tipo de listas. Resalte el doble sentido de la palabra «moneda» y pregúnteles si se halla en esa lista la de su país. Aproveche para introducir los nombres de las monedas que puedan necesitar los alumnos y que no estén en la lista.

Pídales que lean las preguntas y explique el vocabulario nuevo que aparece en ellas. Finalmente, formúleselas a determinados estudiantes.

b) Ejercicios de repetición coral e individual de «¿Cuál es la moneda de tu país?» Estimule a algún alumno a que le formule esa pregunta y a continuación pídales que realicen la práctica comunicativa en parejas (forme parejas con miembros de diferentes nacionalidades si ello fuera posible).

 a) Observando las fotos los alumnos podrán comprender el significado de las palabras que en ellas aparecen. Haga énfasis en la diferencia entre **librería** y **papelería** e introduzca **estanco**, **tienda** y **venden**.

Pídales que relacionen las tiendas con los artículos propuestos y que escriban frases como la del modelo indicando lo que venden en esas tiendas en su país. Finalmente compare lo que hayan escrito con lo que se vende en esos establecimientos en España.

b) Asegúrese de que conocen **también** y anímeles a que digan frases mencionando otros productos que también se venden en esas tiendas (en España y en su país). Sugiérales que le pregunten a usted cómo se dicen en español las palabras que necesiten y que desconozcan.

  a) Pida a los alumnos que miren el dibujo y pregúnteles dónde están las personas que aparecen en él.

Después de escuchar y leer el diálogo compruebe lo que han comprendido y explique las estructuras y el vocabulario nuevo. Realice ejercicios de repetición coral e individual y use la técnica de encadenamiento hacia atrás si lo cree necesario.

b) Pídales que practiquen el diálogo en parejas pudiendo recurrir al texto del libro cuando lo necesiten. Recuérdeles el procedimiento de leer, alzar la vista y hablar al compañero.

 Los alumnos observan el esquema donde se presentan los adjetivos demostrativos **este, esta, estos, estas** y **ese, esa, esos, esas**. Se puede hacer una pequeña práctica incidiendo en la concordancia del adjetivo demostrativo con el sustantivo en género y número.

Profesor: «Libro».
Alumno: «Este libro» o «ese libro».

Introduzca los pronombres demostrativos **éste, ésta, éstos, éstas** y **ése, ésa, ésos, ésas** y plantee situaciones que lleven a los alumnos a realizar prácticas de este tipo:

— «¿Puedo ver ese diccionario?»

• «¿Éste?»

Resalte la importancia de aspectos extralingüísticos, tales como los gestos, la entonación, etcétera, en el proceso comunicativo.

 Pida a los alumnos que ordenen los dos diálogos propuestos y que escriban las frases en las burbujas correspondientes.

Procedimiento: seguir los pasos sugeridos para las **escuchas selectivas** (página 6).

1

Dependienta: Buenos días. ¿Qué desea?
Clienta: Pues quería un bolígrafo... no sé... para un chico joven.
Dependienta: ¿Qué le parecen éstos?
Clienta: ¿Puedo ver ése?
Dependienta: Sí, claro.
Clienta: ¿Cuánto cuesta?
Dependienta: Ochocientas sesenta pesetas.
Clienta: Pues éste mismo.
Dependienta: Muy bien.

2

Cliente: ¿Cuánto cuesta esa agenda negra?
Dependienta: ¿Cuál? ¿Ésta?
Cliente: Sí.
Dependienta: A ver... mil ciento noventa y cinco pesetas.
Cliente: Humm... Volveré mañana. Adiós.
Dependienta: Adiós.

Actividad de práctica libre en la que los alumnos representan los papeles de cliente y dependiente de una tienda.

Pasos: ver **simulaciones**, página 7.

Nota.

Piense en el día en que va a realizar la actividad 14 de la lección 7 y pida a los alumnos que lleven ese día a clase fotos de su pueblo o su ciudad para trabajar con ellas.

LECCIÓN 7

Precalentamiento

El juego de las adivinanzas. Un alumno piensa en un personaje famoso y los demás intentan adivinar quién es. Para ello pueden hacer las preguntas que quieran, a las que su compañero sólo responderá «Sí» o «No».

a) Los alumnos observan las fotos de Toledo y Barcelona. Compruebe qué saben de esas ciudades.

Pídales que piensen en las palabras necesarias para describirlas. Pueden usar el diccionario. A continuación las describen en grupo-clase. Anímeles a que expliquen a sus compañeros las palabras nuevas que vayan diciendo. Ayúdeles, si lo necesitan, y escriba en la pizarra las que se vayan a tratar en la lección y otras de uso frecuente.

b) Los alumnos leen los textos y los relacionan con las fotos. Puede contrastar la información que aparece con lo que anteriormente hayan dicho los alumnos sobre esas ciudades.

Sírvase del mapa y de las fotos para introducir el vocabulario clave de los textos que no haya sido tratado en el apartado a).

a) Antes de leer en voz alta las frases propuestas, pida a los alumnos que cuando oigan alguna palabra que desconozcan, levanten la mano y pregunten lo que significa.

Forme parejas que sean preferiblemente de la misma nacionalidad y pídales que hagan una lista de ciudades que respondan a las características pedidas.

b) Forme nuevas parejas para que comparen y comenten sus listas.

a) Pregunte a determinados alumnos cómo se escriben algunas palabras que tengan las letras **c, z** o **q** que ya hayan sido presentadas en el curso («calle», «plaza», «qué», etc.) y escriba sus respuestas en la pizarra. Utilícelas para explicar las reglas de ortografía relativas al uso de las citadas letras.

A continuación escuchan la grabación y copian en la columna correspondiente (/θ/ o /k/) las palabras que oigan. Se trata de nombres de ciudades españolas y es muy probable que no conozcan la mayoría de ellos. Dado que el objetivo de este dictado es que apliquen las reglas que se acaban de presentar, no tendría mucho sentido hacerlo con palabras que ya conocieran.

Zamora, Mallorca, Zaragoza, Córdoba, Cuenca, Salamanca, Barcelona, Cáceres, Alicante, Ceuta, Lanzarote, La Coruña, Murcia, Badajoz, Valencia.

b) Los alumnos buscan esas ciudades en el mapa y comprueban si las han escrito correctamente o no. Si tienen dificultades para localizar alguna, indíqueles dónde está situada («En el (sur) de España, al (sur) de (Madrid)»).

c) Preste especial atención a la pronunciación de los sonidos /θ/ y /k/.

Haga alguna demostración con algún alumno antes de que jueguen con el compañero. Muestre de manera clara las diferentes alternativas existentes:

«... en el norte/centro/sudeste/... de España.»
«... en la costa mediterránea/atlántica o cantábrica».
«... cerca de Bilbao/Francia/la costa...».

a) Los alumnos completan las frases individualmente. Si lo necesitan pueden consultar los textos de la actividad 1.

Comprueban con el compañero antes de proceder a la corrección en grupo-clase.

b) Pídales que busquen en el mapa de España una ciudad de esas características.

Posible respuesta: Cádiz o Huelva.

Sistematice los usos de **ser** y **estar** aparecidos en esta lección y en las anteriores. Puede pedir a los alumnos que hagan el ejercicio 2 del Cuaderno de ejercicios.

Juego de las adivinanzas, en grupos de tres o cuatro alumnos. En este caso tienen que adivinar ciudades. Ya conocen el juego (se ha practicado en la actividad de precalentamiento sugerida en esta lección).

7 a) Los alumnos escuchan la grabación y leen los números para identificarlos.

b) Escuchan la cinta de nuevo (o al profesor) y repiten coral e individualmente.

Resalte los siguientes aspectos:
— Invariabilidad del **mil**.
— Concordancia de número de **millón** y **millones** con el sustantivo.
— El uso de la preposición **de** cuando **millón** y **millones** va seguido de un sustantivo.

c) Una vez practicados individualmente los números propuestos, pida a determinados alumnos que los digan en voz alta.

8 Antes de hacer el ejercicio de relacionar, explique el significado y el uso de las marcas de cantidad aproximada propuestas.

9 Aclare con los alumnos el significado de **capital** y **habitantes** refiriéndose a Madrid, París, Roma, etcétera. Practique las preguntas coral e individualmente proponiendo los nombres de otras capitales que puedan resultar familiares a los alumnos.

Para practicar el diálogo presentado en el Libro del alumno, organice las parejas con miembros de diferentes nacionalidades. Si no fuera posible, pídales que elijan otros países y capitales para realizar la actividad.

10 Pida a los alumnos nombres de países latinoamericanos. Asegúrese de que conocen los nombres de las capitales de los seis países con los que van a trabajar. Preste atención a la pronunciación y al acento.

Realización de la actividad de vacío de información: ver **vacíos de información**, página 6. Pídales que digan el número exacto de habitantes, tal como aparece en el Libro del alumno.

11 Actividad de carácter cultural que permite la práctica controlada de la escritura. Preséntela diciendo y preguntando por qué son famosos ciertos lugares que puedan resultar conocidos a sus alumnos. Antes de pedirles que la realicen, explíqueles dónde se hallan los lugares propuestos y asegúrese de que conocen el vocabulario con el que van a trabajar.

12 a) Mediante la escucha, sin pausas, de la conversación, los alumnos obtienen la información que les permitirá relacionar una de las tres imágenes con la ciudad que constituye el tema de la conversación.

Respuesta: la foto n.° 3 (Segovia).

Pepe: Oye, Esmeralda, tú no eres de Madrid, ¿verdad?

Esmeralda: No, no. Soy de Segovia. ¿Has estado allí alguna vez?

Pepe: No...

Esmeralda: Pues no sabes lo que te pierdes.

Pepe: Ya me imagino. Si te digo la verdad, no sé ni dónde está exactamente.

Esmeralda: Pues mira, Segovia está muy cerca de Madrid, a unos cien kilómetros al noroeste.

Pepe: Es una ciudad pequeña, ¿no?

Esmeralda: Sí, sólo tiene 50.000 habitantes aproximadamente.

Pepe: ¿Y cómo es?

Esmeralda: Pues... es una ciudad antigua y muy bonita... No sé... Es muy tranquila, pero también es bastante divertida, sobre todo los fines de semana.

Pepe: ... Y tiene un acueducto muy famoso, ¿no?

Esmeralda: Famosísimo. Espera, aquí tengo unas fotos. Mira, este es el acueducto.

Pepe: ¡Qué bonito!... ¿Y eso qué es?

Esmeralda: La Catedral.

Pepe: ¡Es preciosa!... ¿Y esto?

Esmeralda: Es una de las muchas iglesias que tiene... No me acuerdo cómo se llama... Esto es el Alcázar... Esto, la parte antigua...

Pepe: ¿Y eso?

Esmeralda: Es una calle del Barrio Judío.

Pepe: ¡Ah! ¿También tiene un Barrio Judío?

Esmeralda: Sí, pero es muy pequeño.

b) Introduzca **iglesia**, **catedral** y **barrio**.

Realización: ver pasos 2-7 de **escuchas selectivas**, página 6 (el paso número 1 ha sido llevado a cabo en el apartado anterior).

 El doble objetivo de esta actividad consiste en iniciar al alumno en el uso de diccionarios monolingües y en practicar la lectura de carácter selectivo. Se trata de centrar la atención del alumno en lo que entiende, no en lo que no entiende. Hágaselo saber y estimúlele a practicar ese tipo de lectura dentro y fuera del aula siempre que se le presente la oportunidad: leyendo, carteles, lecturas niveladas, etcétera.

 Actividad de práctica libre en la que se produce una interacción comunicativa. Es aconsejable que muestren y expliquen al compañero fotos o postales de sus respectivos pueblos o ciudades.

Si los dos miembros de la pareja proceden del mismo lugar, se les puede pedir que hablen de un lugar que tenga un interés especial para ellos. Si fuera posible, entrégueles fotos o postales de los lugares elegidos para que se las muestren al interlocutor.

 Actividad apropiada para realizar individualmente fuera del aula. Haga mucho énfasis en que no mencionen el nombre de la ciudad elegida, condición indispensable para poder utilizar sus redacciones en la actividad de precalentamiento sugerida en la lección 8.

LECCIÓN 8

Precalentamiento

Coloque en las paredes del aula las redacciones pedidas en la actividad 15 de la lección 7 y estimule a los alumnos a que intenten adivinar de qué ciudad se trata en cada caso. Si tienen dificultades, pueden formular las preguntas que quieran a los autores; éstos sólo pueden responder «Sí» o «No». En clases numerosas es aconsejable realizar la actividad en grupos de seis u ocho alumnos.

Puede proponer a los alumnos que corrijan las redacciones, de manera que cada uno corregiría la redacción de su compañero y posteriormente comentaría con él los posibles errores. La función del profesor consistiría en supervisar las correcciones y los comentarios.

1 Juegue al ahorcado con **habitación** y explique su significado, así como el de **casa**, **piso** y **apartamento**.

Introduzca los nombres de las habitaciones con fotos o dibujos.

Ejercicios de repetición coral e individual.

Los alumnos relacionan las fotos con los nombres que aparecen en el Libro del alumno.

2 a) Pida a los alumnos que lean el anuncio con la ayuda del diccionario.

Utilice el vocabulario del anuncio para que los alumnos describan su casa, por ejemplo.

b) Los alumnos escriben frases describiendo el piso del anuncio. Pídales que las comparen con las de su compañero antes de proceder a la corrección en grupo-clase.

3 Asegúrese de que entienden todo el vocabulario.

Realización de la actividad: ver **escuchas selectivas**, página 6.

Rosa: ¿Sabes que me he cambiado de casa?

Pepe: ¡Ah!, pues no sabía nada. ¿Y dónde vives ahora?

Rosa: En un piso del centro con dos amigos.

Pepe: ¿Y qué tal? ¿Está bien?

Rosa: Ya lo creo, es precioso... Es un piso de esos antiguos y grandes del casco antiguo. Tendrá... pues unos ciento ochenta metros cuadrados, con cuatro habitaciones, el comedor, la cocina, dos baños...

Pepe: ¿Y de luz?

Rosa: ¡Huy! Tiene muchísima luz, es que da a una calle muy ancha.

Pepe: ¡Qué bien! ¡Con lo que te gusta a ti el sol!

Rosa: Sí, pero hay una cosa que no me gusta tanto: es un cuarto piso y no tiene ascensor.

4 Pídales que describan su casa a un compañero, el cual tomará nota. Explíqueles que necesitarán esta información en la actividad 13.

5 a) Cada alumno busca el significado de cinco palabras en el diccionario.

b) Pida a los alumnos que pregunten a sus compañeros cómo se dicen las palabras de la lista que desconozcan. Asegúrese de que se han enseñado todas; en caso negativo, introduzca las que falten.

c) Escriben debajo de cada dibujo la palabra correspondiente.

6 Ejercicio de discriminación silábica y de sensibilización sobre el acento tónico. De momento no se trabaja el acento gráfico.

a) Escriba los tres encabezamientos en la pizarra y escriba las palabras que le vayan diciendo los alumnos en la columna correspondiente.

Pídales que escuchen la casete y que escriban cada una de las palabras que oigan en la columna que corresponda.

Sofá, ducha, lámpara, frigorífico, escalera, salón, dormitorio, sillón, cuarto, baño, comedor, bañera, cama, lavabo, televisión, lavadora, cocina, armario, estantería, mesilla, estudio, terraza.

Corrección en grupo-clase de las palabras previamente escritas en la pizarra por algunos alumnos.

b) Introduzca el concepto de «sílaba más fuerte». Demuéstrelo diciendo algunas palabras que conozcan los alumnos y pidiéndoles que discriminen sus sílabas más fuertes. A continuación escuchan de nuevo las palabras del apartado a) y subrayan la sílaba más fuerte de cada una de ellas.

Corrección: sígase el mismo procedimiento que en a).

7. Juego en parejas: un alumno elige una habitación de la actividad 1 y dice lo que hay en ella para que su compañero trate de adivinar cuál es.

8. Pida a los alumnos que observen los dibujos y que los relacionen con las frases.

Corrección: pregunte dónde está el niño en cada caso.

Se sugiere anotar en la pizarra las preposiciones y los adverbios de lugar propuestos.

9. Grabe la interacción producida durante el juego por algunas parejas que así lo deseen y proceda a una posterior audición analítica en grupo-clase. Ésta será especialmente útil porque permitirá al alumno escucharse a sí mismo hablando español y autoevaluarse en aspectos tales como pronunciación, acento, entonación, naturalidad y fluidez. Pídale que comente a sus compañeros sus propias impresiones sobre su forma de expresarse en español.

10. Procedimiento: seguir los pasos sugeridos para las **escuchas selectivas** (página 6).

Es una habitación cuadrada y bastante grande, de unos quince metros cuadrados. Según se entra, casi en el rincón de la izquierda, hay un sillón y una mesita redonda. Detrás de la mesita hay una estantería y justo en el rincón, detrás del sillón, hay una lámpara de pie.

La cama está también a la izquierda, pero en el rincón de enfrente, y la mesilla está al lado de la cama, a la derecha.

También hay un armario bastante pequeño y una mesa de trabajo.

SUGERENCIA

Eligen una de las cuatro habitaciones y se la describen al compañero para que descubra de cuál se trata.

11. Divida la clase en parejas y pida a los alumnos que miren sus respectivos dibujos del salón. Explíqueles que están incompletos puesto que faltan algunos elementos que hay en el dibujo de su compañero.

1. Cada alumno pregunta a su compañero qué hay en el salón de éste y hace una lista con lo que le diga.

2. A continuación preguntan al compañero dónde están situados los elementos de la lista que no están en su dibujo del salón y los dibujan en el lugar correspondiente.

    Demostración profesor-alumno y alumno-alumno.

3. Comparan los dibujos para comprobar si los han dibujado en los lugares adecuados. En caso negativo, hágales reflexionar sobre las causas: ¿es debido a que el compañero ha descrito incorrectamente su dibujo o, por el contrario, se han equivocado ellos?

12. Cada alumno hace preguntas a su compañero sobre la habitación de éste y dibuja un plano de la misma con su ayuda.

13. Actividad destinada a la práctica de la escritura especialmente indicada para realizarla fuera del aula.

LECCIÓN 9

 Comente, preferiblemente con un plano de la población en la que se encuentren, el vocabulario nuevo que aparece en las preguntas.

Pida a los alumnos que observen el plano de la actividad y que respondan individualmente a las preguntas. Pueden anotar las respuestas si así lo desean.

Comprobación en grupo-clase.

 Actividad destinada a la discriminación de los sonidos /x/ y /g/, representados por **j** o **g** y por **g** o **gu**, respectivamente.

a) Pida a los alumnos que busquen en el plano de la actividad anterior dos palabras que contengan las letras citadas y que las pronuncien. Finalmente presente usted los modelos de pronunciación y contrástelos con lo pronunciado anteriormente por los alumnos.

b) Pídales que observen el cuadro y explique las reglas de ortografía presentadas en él. Como ejemplos cite palabras que conozcan y nombres de persona: **hijo**, **gordo**, **guapo**, **Juan**, etc.

c) Los alumnos buscan y escriben en la columna correspondiente palabras que contengan las letras **j** y **g**. Antes de pronunciarlas en grupo-clase, lo hacen individualmente aplicando las reglas presentadas en el apartado b).

d) Pídales que escuchen la grabación y que escriban las palabras que oigan en la columna apropiada.

Corrección en grupo-clase de las palabras escritas por algunos alumnos en la pizarra.

Gire, siga, goma, junto, sigue, gato, coge, ganar, ajo, baja, sigo, baje, jabón, gente, seguir, gitano, guapo, coja, segundo.

e) Cada alumno añade a sus dos columnas otras palabras que conozca con las mencionadas letras. Posteriormente se las dicta a un compañero para que las escriba en la pizarra. El resto de la clase corrige los posibles errores.

 a) Los alumnos siguen los diálogos en sus libros a la vez que los escuchan.

Comente el vocabulario nuevo.

Hágales escuchar de nuevo las grabaciones.

b) Cada alumno decide a qué diálogo corresponde el dibujo.

Respuesta: al n.º 1.

 c) Ejercicios de repetición coral e individual realizados con la casete o el profesor.

 Introduzca el masculino y el femenino de los números cardinales propuestos.

Indique claramente dónde se encuentra el punto A y pídales que escriban las respuestas a las preguntas formuladas, previa demostración suya con otros lugares del mismo plano. Recuérdeles que pueden consultar los diálogos de la actividad anterior si lo necesitan.

Pida a tres alumnos que escriban una respuesta cada uno en la pizarra y procédase a la corrección en grupo-clase.

 Ya se han introducido en la lección 4 ciertos usos de los registros formal e informal en el proceso comunicativo. Pida a los alumnos que intenten recordar el uso de cada uno de ellos cuando pedimos o damos instrucciones para llegar a un sitio.

a) Asegúrese de que comprenden el significado del vocabulario propuesto.

Dibuje un plano en la pizarra y señale ciertos puntos en él. Pida a algunos alumnos que le indiquen el camino para llegar a ellos desde otros puntos y márquelo en el plano mencionado. A continuación proponga la misma práctica entre alumnos.

b) Pídales que lean el diálogo individualmente e introduzca el vocabulario nuevo.

Antes de marcar el camino en el plano, asegúrese de que saben dónde se hallan esas personas.

 Los alumnos completan individualmente el cuadro con las formas del imperativo que faltan. Si tienen dificultades pueden consultar el diálogo anterior.

Resalte la alternancia de las letras **c – z** y **g – j**, cuestiones tratadas en la lección 7 y en la presente.

Puede realizar un ejercicio oral de este tipo:

Profesor: «Cruza». Alumno: «Cruce».
Profesor: «Gire». Alumno: «Gira».

 a) Cada alumno escribe las instrucciones necesarias para llegar a los lugares propuestos. Sugiérales que consulten las dudas que puedan tener y supervise lo que escriban.

b) Practican diálogos con el compañero. Preguntan y dan las instrucciones por turnos. Supervise la interacción comunicativa de alguna pareja que pueda tener problemas antes de pasar al siguiente diálogo.

 Pasos a llevar a cabo: ver **escuchas selectivas,** página 6.

— *Oiga, perdone, ¿sabe dónde está el cine Rex?*

• *Sí, mire, coja la primera a la derecha y siga todo recto. Entonces verá una plaza. La cruza y es la primera a la izquierda. El cine está allí mismo, a la derecha.*

— *¿Cómo se llama la calle?*

• *Soria. Es la calle Soria. Pero vamos, es muy fácil, no tiene pérdida.*

— *De acuerdo. Muchas gracias.*

• *Adiós.*

 El alumno coloca ciertos elementos donde quiera en el plano propuesto, común a todos los alumnos. Los demás pasos son los mismos que los de cualquier otra actividad de vacío informativo (ver **vacíos de información,** página 6).

Para que la actividad sea más completa pídales que en la mitad de los casos se expresen en un registro formal y en la otra mitad, en un registro informal.

 a) Pida a los alumnos que citen nombres de lugares cercanos al centro de estudios conocidos por todos los alumnos. Pídales que elijan uno y que piensen en las instrucciones necesarias para llegar a él desde el centro donde se imparte la clase de español.

b) Le dan esas instrucciones al compañero para que descubra de qué lugar se trata.

SUGERENCIA

Para las clases que tengan lugar en un país de habla hispana: dé a cada alumno la dirección de un lugar que no conozcan y que no se encuentre muy lejos del centro de estudios. Pídales que pregunten a algún transeúnte cómo se va a esa calle y que vayan. Para comprobar que han ido, pídales alguna información de manera que sólo pueda ser obtenida yendo hasta el lugar mencionado: «¿Cuántos bares hay en la calle de X?» «¿De qué color es la puerta de la tienda X, que está en la calle de X?...»

 Pida a los alumnos que estudien el dibujo.

Pregunte cuándo se dice **menos** y cuando se dice **y**.

Resalte la necesidad de utilizar el artículo **la/las** para decir la hora.

Coloque las agujas de un reloj en diferentes posiciones y pregunte a los alumnos qué hora es en cada caso.

Puede comentar la otra forma de decir la hora («las catorce treinta y cinco», «las veintidós horas», etc.).

 Los alumnos escriben las horas propuestas debajo de los relojes correspondientes.

Compruebe las respuestas y pídales que escriban las horas que faltan.

Corrección: pida a tres alumnos que las escriban en la pizarra para proceder a la corrección en grupo-clase.

 Los alumnos observan el cuadro.

Forme parejas y pida a uno de los miembros que le pregunte la hora a su compañero. Aproveche otros momentos de la clase para pedirle a éste que haga lo mismo.

 Antes de que escuchen y subrayen las horas que oigan pida a los alumnos que lean todas.

Uno. — ¿Qué hora es?
• Las doce y media.
— ¡Uff...! ¡Qué tarde!

Dos. — Perdone, ¿tiene hora?
• Sí, son las ocho y cuarto.
— Gracias.

Tres. — ¿Qué hora tienes?
• Las tres menos veinticinco.

Cuatro. — Perdone, ¿tiene hora?
• Las seis y diez.
— Gracias.

 Se trata de un juego que reviste un cierto grado de dificultad. Un alumno dice una hora y su compañero tiene que invertir mentalmente la posición de las agujas del reloj, operación que lleva cierto tiempo.

Háganse varias demostraciones profesor-alumno y alumno-alumno.

 a) Ordenar los días de la semana no les resultará difícil, puesto que pueden ver las iniciales en el calendario de la actividad. Resalte que el lunes es el primer día de la semana.

 b) Una vez hayan escuchado y comprobado el orden, se realizan ejercicios de repetición coral e individual con la casete o con el profesor.

Asegúrese de que los traducen correctamente en su lengua.

Haga que practiquen la pregunta «¿Qué día es hoy?» y la respuesta correspondiente. Pregúnteles qué día(s) tienen clase de español.

 Introduzca el término **horario** preguntando a los alumnos dónde pueden encontrar el cartel y de qué informa. Aproveche para repasar nombres de establecimientos públicos. Presente el vocabulario nuevo y preste especial atención al uso de las preposiciones **de** y **a** («Abre a las cinco de la tarde»; «De nueve a dos»).

Pídales que respondan a las preguntas individualmente y procédase a la comprobación de las respuestas en grupo-clase.

 a) Asegúrese de que entienden **desde, hasta, todos, excepto, abierto** y **cerrado**. Introduzca **grandes almacenes** y **centros oficiales**, y pídales que hagan una lectura selectiva del texto para completar el cuadro. Es aconsejable que, una vez completado, lo contrasten con el de su compañero antes de pasar a la puesta en común.

b) Ejercicio de aplicación de la información obtenida en el apartado anterior.

El objetivo de esta actividad de práctica libre consiste en que los alumnos lleven a cabo, en parejas, un intercambio comunicativo sobre los horarios públicos de sus respectivos países.

Si los dos miembros de la pareja son de la misma nacionalidad, pida a uno de ellos que hable de los horarios de otro país que conozca.

SUGERENCIA

Actividad a realizar fuera del aula: pida a los alumnos que escriban frases sobre horarios de establecimientos públicos de su país.

LECCIÓN 10

Precalentamiento

Escriba en la pizarra una palabra ya estudiada («carta», por ejemplo) y explique la actividad: tienen que escribir otras palabras y cada una de ellas debe empezar por la última letra de la anterior («argentino», «oye», «estudiar», etc.). Ponga usted varios ejemplos e indique a los alumnos que sirven todas las categorías gramaticales excepto los nombres propios. Adviértales que no se puede repetir ninguna palabra y que el ganador será el alumno que logre elaborar la lista más amplia.

 Estimule a sus alumnos a que soliciten el significado de las palabras que no conozcan. Procure que sean sus propios compañeros quienes den las explicaciones. Introduzca usted las restantes mediante mimo, fotos o dibujos. Realice los ejercicios de repetición coral e individual que juzgue necesarios.

 a) Compruebe si entienden las frases propuestas. En caso negativo, facilíteles la tarea; recuerde que sus gestos y la expresión de la cara al decir las frases pueden ser de gran utilidad.

b) Pida a los alumnos que trabajen en parejas para intentar deducir cuándo se dice **gusta** y cuándo **gustan**. Si ninguna pareja es capaz de hacerlo, diga usted otras frases de manera contrastiva, haciendo énfasis en la pronunciación de la **s** final de los sustantivos en plural. Llegados a este punto es muy probable que algún alumno lo deduzca correctamente. Sistematice a continuación las formas del presente de indicativo del verbo **gustar** y explique el funcionamiento sintáctico de dicho verbo.

Realice unos ejercicios orales que permitan a los alumnos aplicar las reglas presentadas:

(Profesor): «El tenis».
(Alumno): «Me gusta el tenis».

Estimule a sus alumnos a comentar las diferencias existentes con su lengua y resalte la peculiaridad de la estructura tratada.

 Copie el cuadro del libro en la pizarra y marque si le gustan o no los ordenadores.

Pida a los alumnos que expresen sus gustos por escrito. Haga usted lo mismo en el cuadro de la pizarra e interprételo a continuación, haciendo hincapié en el uso de **y, pero** y **ni**.

Pida a los alumnos que lean los suyos en grupo-clase.

 a) Introduzca los exponentes propuestos haciendo preguntas a determinados alumnos y expresando sus propios gustos. Recuerde la importancia de los gestos en este tipo de intercambios.

Centre la atención de los alumnos en el cuadro y asegúrese de que lo entienden.

Práctica profesor-alumno, alumno-profesor y alumno-alumno.

b) Demuestre la actividad con algunos alumnos y pídales que mientras realicen la interacción vayan anotando en un papel las cosas y actividades en las que coincidan para comentárselo luego a la clase.

 Introduzca el pronombre de objeto indirecto **le** comentando a la clase los gustos de algunos alumnos después de haberles formulado las correspondientes preguntas. Haga notar que usamos **le** tanto si hablamos de un hombre como de una mujer.

Cada alumno dice una frase refiriéndose a algo que le gusta o que no le gusta a su compañero.

Comente los gustos de algún conocido suyo haciendo hincapié en el uso de **y, pero** y **ni**. Escriba algunas frases en la pizarra para que sirvan de modelo a los alumnos («A Pierre le gusta el español y el cine, pero no le gustan las motos ni los ordenadores»).

Pídales que escriban sobre los gustos de su compañero y que a continuación lean en grupo-clase lo que hayan escrito.

 Presente **nos** refiriéndose a los gustos de determinados alumnos y a los suyos.

Pídales que digan frases expresando gustos que tengan en común con el compañero.

Asegúrese de que entienden todas las palabras de la lista y pregúnteles si pueden añadir más cosas relacionadas con la clase de español.

Pídales que trabajen en grupos de tres para descubrir cuáles de esas cosas les gustan o no a los tres.

Finalmente se lo dicen al resto de la clase.

Nota.

Si lo cree oportuno, puede suprimir alguno de los aspectos incluidos en la lista.

Los comentarios de los alumnos pueden serle de gran utilidad para hacer más hincapié en aquellas actividades que más les gusten.

 Los alumnos observan el dibujo y leen las frases. Ayúdeles a deducir el significado del vocabulario nuevo diciéndolas usted (deje bien claro que se refiere al cuadro abstracto del dibujo). Recuerde la gran importancia de los gestos.

Pídales que gradúen individualmente las expresiones de más a menos y que hagan la comprobación en grupo-clase.

Comente si le gusta o no le gusta el cuadro y estimule a los alumnos a hacer lo mismo. Procure que no se limiten a decir simplemente **me gusta** o **no me gusta**. Se puede hablar también de otras obras de arte que conozcan los estudiantes.

 Audición de la grabación preguntando a los alumnos si les gusta lo que oyen o no.

Nótese que la grabación recoge una amplia gama de sonidos y estilos musicales, ya que se pretende provocar diferentes reacciones en el alumno.

— *Sonidos del campo.*
— *«Rock and Roll», Led Zeppelin.*
— *«La sangre de tu tristeza», Gabinete Caligari.*
— *Sonido de las olas en la playa.*
— *«Las cuatro estaciones», Vivaldi.*
— *Sonido del mugido de una vaca.*
— *«Rockin' in rhythm», Clark Terry.*
— *«Mi abuela», Wilfred y La Ganga.*

 a) Centre la atención de los alumnos en el esquema. A estas alturas de la lección resulta bastante improbable que no entiendan todo. Aclare, no obstante, las posibles dudas.

Práctica de la segunda y la tercera persona del plural preguntando y refiriéndose a los gustos de varios alumnos a la vez.

b) Asegúrese de que comprenden todo el vocabulario y ponga algún ejemplo antes de pedirles que completen las frases de manera totalmente libre. Recuérdeles que pueden recurrir al esquema del apartado anterior si lo necesitan. Supervise lo que escriban.

c) Pídales que lean en voz alta lo que hayan escrito y que comprueben si algún compañero suyo ha escrito lo mismo. Preste atención a las frases que hayan elaborado y muy especialmente a las diferencias existentes entre las escritas por alumnos y las escritas por alumnas. Esta actividad es muy divertida y relajante.

 Procedimiento: seguir los pasos sugeridos para las **escuchas selectivas** (página 6).

María: Tú eres un buen deportista, ¿verdad?

Carlos: ¡Bah! No creas... pero sí que me gustan mucho algunos deportes...

María: ¿Por ejemplo?

Carlos: Pues, hombre, me gusta mucho el esquí, las motos... ¡ah! y me encanta el fútbol.

María: ¿El fútbol? ¡Qué horror! A mí no me gusta nada.

Carlos: Bueno, también me gustan otras cosas, como leer..., escuchar música..., el cine...

María: ¡Y a mí el cine que no me gusta! Me aburro muchísimo... pero hay una cosa que me encanta: bailar.

Carlos: Mm... estoy pensando que tenemos gustos bien diferentes, ¿verdad?

María: Sí, sí. Desde luego.

 La actividad consiste en averiguar el mayor número posible de gustos de su compañero.

a) Cada alumno señala los posibles gustos de su compañero en el cuestionario.

b) Preguntan el cuestionario al compañero. Es importante que señalen sus respuestas en otro color para así poder diferenciarlas de las que ya han marcado ellos.

c) Contrastan las dos respuestas con que cuentan en cada caso.

Explique la actividad y asegúrese de que comprenden todo el vocabulario.

Copie el cuadro en la pizarra y rellene alguno de los apartados con la ayuda de los alumnos. Pídales que continúen individualmente.

Comprobación en grupos de tres.

Puesta en común en grupo-clase.

Solución:

Nombre	Profesión	Ciudad	Le gusta
Luisa	enfermera	Barcelona	el fútbol
Javier	abogado	Valencia	el esquí
Manolo	periodista	Bilbao	el tenis

  a) Explíqueles la técnica para preparar otro problema de lógica: primero completan el cuadro y luego, a partir del mismo, escriben las frases.

Si lo desea, y a fin de evitar que se limiten a copiar el que aparece en el libro, puede modificar alguno de los encabezamientos y proponer NOMBRE, NACIONALIDAD, ESTADO CIVIL y LE GUSTA.

b) Cada alumno intenta resolver el problema de lógica elaborado por su compañero.

Y TAMBIÉN...

 Explique que el documento presentado es una lista de éxitos musicales («Los 40 principales») confeccionada semanalmente por una cadena de emisoras de radio («La Cadena Ser»).

Introduzca el léxico nuevo que aparece en las preguntas. Una vez hayan pensado las respuestas, hágase la puesta en común de las mismas en grupo-clase.

  a) Pídales que procedan a la lectura del documento y que subrayen los nombres que encuentren en español.

Puesta en común. Puede aprovechar el momento para estimular a los alumnos a que se enseñen ciertas palabras entre sí.

b) Copie el cuadro en la pizarra y complete el primer apartado con la ayuda de los alumnos. Continúan individualmente.

Pídales que comprueben sus respuestas en parejas antes de proceder a la puesta en común.

  a) Cada alumno elabora la lista de sus cinco canciones favoritas o, simplemente, que le gustan (cualquier tipo de música es válido).

b) Ayúdeles en la tarea de traducir los títulos. No todos se podrán traducir.

c) Trabajan en grupos de cuatro o cinco. Un alumno dice un título traducido al español y el resto intenta descubrir cuál es el título original. Anímeles a que soliciten y den la ayuda lingüística y cultural necesaria para lograr el objetivo marcado.

REPASO 2

Un juego

Dé una hoja de papel a cada alumno y pídales que copien en ella la siguiente lista previamente escrita por usted en la pizarra:

Nombre:
Profesión:
Edad:
Estado civil:
Le gusta:
No le gusta:

A continuación los alumnos piensan en un famoso o en una persona de la clase y escriben la información relativa al primer encabezamiento («Fidel Castro», por ejemplo). Doblan el papel de manera que no se pueda leer lo que hayan escrito y se lo pasan al compañero para que complete la información del siguiente encabezamiento («Secretaria», por ejemplo). Siguen el mismo procedimiento hasta que escriban todos los datos pedidos y finalmente cada alumno desdobla el papel que se halle en ese momento en sus manos y lee toda la información en primera persona. (Por ejemplo: «Me llamo Fidel Castro y soy secretaria. Tengo veinte años y estoy soltera. Me gusta mucho el fútbol y bailar en las discotecas. No me gusta nada hacer los deberes de español».)

a) Los alumnos disponen de dos minutos para buscar los contrarios de las palabras y expresiones propuestas que necesiten; pueden consultar el diccionario. Recuérdeles que deben tener en cuenta el género y el número de los adjetivos.

b) Explique las instrucciones y haga alguna demostración del juego (ya lo conocen: se realizó en la actividad 4 del repaso 1). Supervise su trabajo.

 El objetivo de este juego es repasar vocabulario y construir frases.

Lleve a clase tantos juegos de fichas de diferentes colores y de dados como grupos de cuatro alumnos se puedan formar. Si no hubiera el número necesario de alumnos para distribuirlos en grupos exactos de cuatro, forme algunos de tres.

Lea en voz alta las palabras de cada casilla y pida a los alumnos que levanten la mano cada vez que surja alguna cuyo significado no recuerden; deje que sean los propios compañeros quienes la expliquen.

Explique las instrucciones y haga alguna demostración. Pida a determinados alumnos que realicen otras. Se les puede dar la opción de disponer de unos minutos para preparar las frases (grupos no muy buenos), o de tener que construir las frases según vayan avanzando por el tablero (grupos buenos). Hágales ver la necesidad de que le consulten en los casos en que los miembros del grupo estén en desacuerdo con relación a si una frase está bien o no. Supervise el lenguaje utilizado durante la realización del juego y preste especial atención a aquellos casos en los que los jugadores puedan estar erróneamente de acuerdo.

 Asegúrese de que recuerdan, entre otros, los nombres de los muebles que se mencionarán en la grabación (**cama, mesilla, armario, sillón, mesa, lámpara, silla, estantería**), así como el significado de **rincón**.

 a) Los alumnos escuchan y escriben los nombres de muebles que oigan.

Comprueban con el compañero antes de proceder a la puesta en común. Hágales escuchar de nuevo la grabación o algunas partes de ella si fuera necesario.

Dibuje los muebles en la pizarra para que sirvan de modelo a los alumnos en el siguiente apartado. Si hay alumnos que encuentren demasiado difícil la tarea de dibujarlos, sugiérales que se limiten a escribir sus nombres.

La habitación de Alfonso es bastante grande. La decoración es muy sencilla: hay varias fotos, tres cuadros y un póster. No tiene muchos muebles, sólo los necesarios.

La cama está enfrente de la puerta, junto a la pared de la izquierda. Al lado de la cama, a la derecha, hay una mesilla muy moderna. El armario está en un rincón de la pared de la derecha, enfrente de la cama. Entre la mesilla y el armario hay un sillón antiguo. La mesa de trabajo está a la derecha de la puerta, en el rincón, debajo de la ventana. Encima de la mesa hay una lámpara negra muy bonita. Al lado de la mesa, enfrente de la ventana, hay una silla que también es negra. Y entre el armario y la mesa hay una estantería con muchos libros.

b) Llévense a cabo los pasos 2-7 propuestos en la página 6 (**escuchas selectivas**). En el paso 2 los alumnos deberán dibujar o escribir los nombres de los muebles que están colocados en las partes de la habitación donde se dice en la grabación.

◆ 4 Actividad de vacío de información.

a) Un miembro de la pareja dibuja los muebles (o escribe sus nombres) en las partes de la habitación en las que desee.

b) Posteriormente debe decirle a su compañero dónde se halla cada uno; éste los tiene que dibujar (o escribir los nombres) en el punto correspondiente, pudiendo pedir todas las aclaraciones que necesite.

c) Al finalizar, comparan sus dibujos y comentan con el profesor los problemas que hayan podido tener.

La actividad se puede repetir las veces que se crea conveniente, cambiando de papel o de pareja.

◆ 5 a) Presente la situación y pida a los alumnos que lean el anuncio. Estimúleles a que le soliciten la ayuda léxica que necesiten.

Realizan el ejercicio de «Verdadero o falso» y a continuación se procede a la comprobación en grupo-clase.

b) Plantee una situación similar a la que aparece en el Libro del alumno y haga que practiquen el lenguaje que necesitarán para llevar a cabo la interacción propuesta.

Tras el intercambio comunicativo, en el que el alumno B debe inventarse la dirección del piso, comparan los dos planos para comprobar si A ha marcado el camino correctamente.

c) Divida la clase en dos grupos. Los miembros del grupo A están interesados en el piso y preparan las preguntas que harán sobre la gente que vive en él cuando vayan a verlo. Los del B prepararán las respuestas y el lenguaje necesario para enseñar la vivienda.

d) Forme parejas (A y B) y pídales que representen la situación en el piso: B se lo enseña a A y responde a sus preguntas.

Finalmente pregunte a los interesados, en grupo-clase, si les ha gustado o no el piso y sus inquilinos, y si lo van a alquilar o no. Deles la oportunidad de exponer sus razones.

 6 a) Los alumnos escuchan un pasaje de «El lago de los cisnes», de Tchaikovsky.

b) Deciden en parejas (A-B) las características y los datos pedidos de una persona a la que le pueda gustar esa música. A continuación lo anotan en un papel.

c) Escuchan una parte de una canción de un estilo musical claramente diferenciado con respecto a lo que han escuchado en el apartado a): rock duro.

d) Al igual que en b), deciden y escriben sobre las características y datos personales de una persona a la que le guste mucho.

e) Para esta actividad los alumnos forman grupos de cuatro, compuestos por miembros que no hayan trabajado juntos en las fases en las que han hecho las descripciones.

Se intercambian la información relativa a sus personajes, prestando atención a cuántas cosas tienen en común. Se puede averiguar en qué grupo se dan más coincidencias.

SUGERENCIA

Pida a cada alumno que asuma la personalidad de uno de los dos personajes ficticios (A, el creado en a, B, el creado en c).

Explíqueles que están en una fiesta en la que no conocen a nadie e indíqueles que traten de presentarse a otros invitados.

◆ 7 a) Actividad que, además de facilitar la realización de la actividad siguiente, introduce un elemento de carácter cultural.

Compruebe si conocen Sevilla y qué saben de esa ciudad.

Antes de leer el texto pídales que señalen en la columna de la izquierda lo que sepan o crean saber.

b) Realizan una lectura selectiva del texto para señalar en la columna de la derecha si esas informaciones son verdad o mentira.

Una vez hecha la corrección en grupo-clase, pida a sus alumnos que contrasten las respuestas dadas antes y después de leer. Por último, comente otros datos de interés cultural: características de Sevilla y de sus habitantes, por qué es famosa, etcétera.

8.
a) Distribuya folletos turísticos y planos de la población donde se encuentren, preferiblemente en español, entre las diferentes parejas de la clase. Pídales que busquen en ellos la información que les pueda resultar útil para escribir sobre dicha ciudad. Présteles la ayuda léxica que necesiten.

b) Deberán mencionar en su texto ciertos lugares de interés turístico o cultural y que los señalen en un plano.

c) Intercambian el texto con otra pareja y corrigen el que han recibido: sólo señalan los posibles errores, pero no escriben nada. Es importante que el profesor dé el visto bueno.

d) Comentan los errores con los autores del texto. El profesor supervisa este trabajo y aclara las posibles dudas y desacuerdos que puedan surgir.

e) Las parejas que hayan cometido errores escriben de nuevo el texto incorporando las correcciones.

f) Distribuya cartulinas grandes entre las diferentes parejas para que peguen en ellas el texto, el plano y algunas fotos de esa población, y las coloquen en las paredes del aula.

LECCIÓN 11

Precalentamiento

Pida a sus alumnos que se coloquen de pie y en círculo. Dígale al primero de la izquierda una frase al oído («A mi hermano le gusta mucho el cine», por ejemplo), quien, a su vez, tiene que decírsela al oído al compañero de la izquierda. Se continúa hasta que la frase le sea transmitida al último estudiante, que la dice en voz alta y la escribe en la pizarra. Pídale al alumno al que le ha dicho usted la frase, que la escriba también en la pizarra. Haga que comparen las dos: es muy probable que sean diferentes.

Es aconsejable seguir el juego con frases que entrañen mayor dificultad.

 a) Escriba la siguiente lista en la pizarra:

me levanto
desayuno
salgo de casa
voy a trabaja
empiezo a trabajar
como
termino de trabajar
vuelvo a casa
ceno
me acuesto

Explíquela haciendo mimo, o con fotos o dibujos, y añadiendo las horas a las que usted realiza normalmente esas acciones. Asegúrese de que los alumnos comprenden sus explicaciones preguntándoles a qué hora lo hacen ellos.

Ejercicios de repetición coral e individual.

Comente con los alumnos la ilustración que aparece en el libro (hora, número de personas, características de éstas, etc.) y pídales que lean el texto y que subrayen las palabras que no entiendan. Explíqueselas.

b) Los alumnos deciden a qué personaje corresponde el texto (al señor que vive en el último piso de la derecha). Los alumnos averiguarán su profesión —puede ser detective— y la(s) causa(s) de sus horarios tan especiales.

 Los estudiantes escriben individualmente frases indicando a qué hora realizan cada una de esas acciones habitualmente.

Una vez escritas, pida a un alumno que diga una de las frases; por ejemplo, la relativa a **me levanto**; aquellos estudiantes cuya información sea la misma deben levantar la mano. Repita el procedimiento con al menos otro alumno que no haya levantado la mano.

 Explique detalladamente la mecánica de esta actividad: van a escuchar frases y tienen que pensar si la información que oigan en cada una de ellas corresponde a su realidad. En caso afirmativo, la repiten; no así en caso negativo. Haga una demostración con dos o tres frases.

Hágales escuchar cada frase dos veces y detenga la casete a fin que dispongan del tiempo suficiente para pensar y repetirla. Conviene que usted indique con un gesto el momento a partir del cual pueden decir la frase.

Una vez acabada la audición, es aconsejable seguir los mismos pasos con otras frases que puedan ajustarse más a la realidad de sus alumnos que las incluidas en la grabación.

— *Me levanto a las ocho de la mañana.*
— *Como a las dos de la tarde.*
— *Ceno a las nueve de la noche.*
— *Las clases empiezan a las nueve de la mañana.*
— *Termino de trabajar a las seis.*
— *Vuelvo a casa a las siete de la tarde.*
— *Empiezo a trabajar a las diez.*
— *Trabajo hasta las cinco de la tarde.*
— *Desayuno a las ocho y media.*
— *Salgo de casa a las siete y media.*
— *Me acuesto a las once de la noche.*

 Asegúrese de que recuerdan las formas verbales del presente de indicativo singular de los verbos **trabajar, llamarse, tener** y **vivir**. Escríbalas en la pizarra debajo de los encabezamientos **–AR, –ER** e **–IR**. Señale las terminaciones de cada conjugación con un color diferente y haga que los alumnos recuerden el presente singular de otros verbos que ya conocen (**hablar, estudiar,** etc.). Hágales tomar conciencia de las irregularidades que presentan algunos verbos en el radical.

Pídales que se fijen en los modelos y que

traten de deducir y escribir en el cuadro las formas que faltan. Supervise su trabajo y ayúdeles si lo necesitan.

Diga todas las formas y subraye la sílaba fuerte de cada una de ellas con la ayuda de los alumnos.

Una vez realizados unos ejercicios de repetición coral e individual se puede hacer uno del tipo:

(Profesor): «Terminar, tú».
(Alumno): «Terminas».

5 a) Los alumnos completan la columna correspondiente con las horas a las que realizan las acciones indicadas. Introduzca las preguntas y haga que las practiquen. A continuación pídales que lleven a cabo el intercambio comunicativo en grupos de cuatro y que anoten la información relativa a cada uno de sus compañeros.

b) Miran el cuadro y deciden individualmente quién:

— se levanta antes.

— se acuesta más tarde.

— come antes.

— cena más tarde.

— vuelve a casa más tarde.

A continuación lo comentan en grupo. Por último, formule usted a la clase las preguntas necesarias para descubrir qué miembro de la misma es el que se levanta primero, cuál el que se acuesta más tarde, etc.

6 Centre la atención de los alumnos en la ilustración y pídales que describan entre todos a la tía de Eduardo.

a) Escuchan y anotan en una lista las horas que oigan. La contrastan con la de su compañero antes de proceder a la puesta en común en grupo-clase.

b) Procedimiento: ver pasos 2-7 de **escuchas selectivas** (página 6).

— *¿Y no te cansas de vivir con tu tía?*
- *¡Qué va! Si mi tía es encantadora y muy activa. Mira, se levanta todos los días a las seis y media...*
— *Se acostará pronto...*

- *No. Se acuesta sobre las doce. Bueno, pues se levanta y se va al parque a correr con el perro. Vuelve sobre las siete y media...*
— *Y tú estarás en la cama todavía...*
- *Claro, y cuando llega me despierta con música de ópera. La pone altísima.*
— *¡Vaya!*
- *Y después el desayuno: fruta, churros, magdalenas... tostadas y café.*
— *¿Todo eso?*
- *Sí, sí. Además es muy rígida con los horarios de las comidas: desayuna a las ocho, come a las dos y media y cena a las diez.*
— *Sigue trabajando, ¿verdad?*
- *Sí, pero sólo por las mañanas. Por las tardes sale con sus amigos.*

7 Decidir en grupo-clase los nombres de los vecinos de Rosaleda, 6. Escríbalos en la pizarra.

a) Introduzca **Yo creo que...**

Pídales que elijan a dos de ellos y que decidan qué hace habitualmente cada uno de ellos.

b) Lo comentan con el resto de sus compañeros.

8 a) Una vez que los alumnos hayan observado el dibujo y leído el texto incompleto, le hacen al profesor las preguntas necesarias para completarlo con la información de sus respuestas.

Texto completo:

«Se llama *Enrique* y vive en *Málaga* con *una amiga*. Todos los días se levanta a las *siete y media* y desayuna en casa. Luego va a trabajar. Es *profesor de español y bombero voluntario*. Por las mañanas trabaja en *la universidad*. Por las tardes *trabaja de bombero*. Vuelve a casa a las *nueve o a las diez*, cena con *su amiga* y se acuesta a las *doce o a la una*».

9 a) Pida a sus alumnos que creen un personaje divertido y que escriban sobre él. Indíqueles que, si lo necesitan, pueden fijarse en el esquema del texto anterior. Insista en que no copien sus datos y en que añadan todo lo que deseen.

b) Intercambian información sobre sus respectivos personajes y los comparan. Se trata de ver cuál de los dos es más extraño y original.

 Forme grupos de seis y pídales que elijan individualmente a una de las personas que aparecen en las fotos y que piensen en lo que hace habitualmente. A continuación se lo dicen a sus compañeros para que adivinen de quién se trata.

Y TAMBIÉN...

a) Lectura individual del chiste de Forges. Asegúrese de que lo entienden.
b) En parejas, pídales que respondan a las preguntas.
c) Puesta en común en grupo-clase.

Introduzca el término **funcionario,** si no lo han mencionado los alumnos, y dirija un comentario de carácter cultural.

LECCIÓN 12

Precalentamiento

Los alumnos escriben algunas preguntas de carácter personal sobre aspectos que desconozcan de sus compañeros. A continuación se colocan de pie en dos círculos enfrentados (veinte alumnos por círculo como máximo).

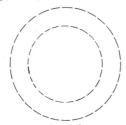

El profesor pone música. Al oírla, los miembros de cada círculo caminan en sentido contrario.

El profesor va parando la música. Cada vez que lo hace, los alumnos se detienen y formulan una pregunta al compañero que tienen enfrente en ese momento.

 a) Dé a los alumnos la posibilidad de elegir la forma de averiguar el significado del léxico nuevo: buscando algunas palabras en el diccionario y explicándoselas posteriormente a sus compañeros (ver actividad 1 de la lección 6) o preguntándole al profesor.

b) Los alumnos escriben la palabra o expresión correspondiente debajo de cada uno de los dibujos.

 Actividad con un doble objetivo:
— Repasar lenguaje necesario para hablar de gustos.
— Practicar el vocabulario introducido en la actividad anterior.

Presente las estructuras propuestas hablando con los alumnos.

 En esta actividad se trabaja con los diptongos **ai** y **ei**, cuya correcta pronunciación será necesaria en una fase posterior de la lección (segunda persona del plural del presente de indicativo de los verbos de la primera y segunda conjugación).

a) Escriba **bailar** y **veinte** en la pizarra y pida a ciertos alumnos que pronuncien esas palabras. Pregunte cuántas sílabas tiene cada una de ellas y siga el mismo procedimiento con otros términos en los que aparezcan los diptongos mencionados; asegúrese de que los pronuncian correctamente.

Pídales que escuchen la grabación y que escriban cada una de las palabras que oigan en la columna correspondiente.

Bailar, veinte, aire, peine, seis, vais, afeitar, paisaje, estáis, veis, treinta, traigo, reina, aceite, caigo, tenéis, termináis, trabajáis, coméis.

b) La corrección se puede realizar escuchando la siguiente grabación o corrigiendo entre todos lo escrito previamente en la pizarra por algunos estudiantes.

ai:
Bailar, aire, vais, paisaje, estáis, traigo, caigo, termináis, trabajáis.

ei:
Veinte, peine, seis, afeitar, veis, treinta, reina, aceite, tenéis, coméis.

c) Los alumnos escuchan la casete (o al profesor) y repiten coral e individualmente.

 Introduzca **revista** e informe de que a continuación van a trabajar con un texto de una revista.

Ayude a los alumnos en la comprensión del título y en la introducción del artículo.

A continuación leen las respuestas de los entrevistados y subrayan las actividades estudiadas en el recuadro 1a). Adviértales que no aparecen en infinitivo.

Por último, pregunte a sus alumnos cuál de los dos fines de semana descritos en la revista les parece más interesante y cuál se asemeja más al suyo.

 Los alumnos completan individualmente el cuadro gramatical propuesto. Si lo precisan, pueden consultar el texto de la actividad 4, fijándose en las formas verbales.

Corrección: una vez comprobado en parejas, el profesor rellena con la ayuda de los alumnos un cuadro idéntico copiado por él en la pizarra.

Sígase el mismo procedimiento con la sílaba fuerte de cada una de las formas verbales tratadas y realícense los ejercicios de repetición necesarios.

6. a) Presente el significado de **jardín** y **dar paseos**. Comente a sus alumnos que oirán algunos de los verbos propuestos en infinitivo y otros en presente.

   Para facilitar la audición, pida a los estudiantes que recuerden las formas de la primera persona del singular y del plural de los verbos que aparecen en el cuadro.

   (Profesor): «Ir».
   (Alumno): «Voy, vamos».

   Escuchan y enumeran las actividades en la columna de la izquierda.

   Puesta en común y nueva escucha si fuera preciso.

Alfonso: A tu marido y a ti os gusta mucho ir al campo, ¿verdad?

Sara: Nos encanta. Tenemos una casa en un sitio muy bonito y vamos todos los fines de semana.

Alfonso: ¿Y no os aburrís?

Sara: ¡Qué va! Estamos todo el tiempo haciendo cosas. Tenemos un jardín y trabajamos mucho en él... También damos muchos paseos... montamos en bici...

Alfonso: ... Y respiráis aire puro.

Sara: ¡Ah, por supuesto! Más puro que el de aquí. Oye, ¿y tu mujer y tú no vais nunca fuera los fines de semana?

Alfonso: Casi nunca; la verdad es que somos muy «urbanos».

Sara: ¿Y qué hacéis? ¿Salís mucho?

Alfonso: Pues prácticamente todos los viernes y los sábados por la noche. Vamos a muchos conciertos..., al cine, al teatro... y, claro, muchas veces de copas.

Sara: Es que sois muy marchosos.

Alfonso: ¡Bah! No creas. También vamos a ver a nuestros padres... hacemos la limpieza... preparamos las clases de la semana siguiente...

b) Señalan individualmente las cosas que creen que hace cada pareja.

c) Escuchan y marcan con un color diferente lo que hace realmente cada pareja.

Puesta en común y escucha de los puntos en los que discrepen.

Escucha de comprobación.

Una vez constatado lo acertado de sus respuestas, los alumnos pueden ir diciendo qué hace cada pareja los fines de semana.

7. Antes de que los alumnos escriban en parejas (A - B) lo que supuestamente hacen los fines de semana, es conveniente que el profesor diga algunas frases divertidas o raras a modo de ejemplo, lo que relajará a los estudiantes a la vez que les hará sentirse más estimulados.

8. Forme parejas nuevas (A-A y B-B) para que comenten qué hacen los fines de semana.

9. Hablan en parejas (A-B de nuevo) sobre lo que hacen sus anteriores compañeros, prestando especial atención a las posibles cosas raras o divertidas que detecten.

SUGERENCIA

Cada pareja informa a la clase de todo aquello raro o divertido que haya detectado y luego deciden entre todos cuál es la pareja más rara o divertida.

10. a) Presente el vocabulario que no conozcan y asegúrese de que lo han entendido.

    b) Los alumnos buscan las expresiones de frecuencia en el texto de la actividad 4. Hágales observar su lugar dentro de la frase (comente las otras alternativas existentes y los matices que introducen). Insista en el contraste entre **nunca** y **no... nunca**.

    c) Escriba algunos ejemplos en la pizarra y, a continuación, pídales que escriban frases indicando con qué frecuencia hacen ciertas cosas los sábados.

11. Antes de que realicen la actividad caminando por la clase para hablar con todos sus compañeros, intente que los alumnos digan las preguntas que deberán formular. En clases numerosas es aconsejable formar grupos de unos ocho alumnos.

    Puede hacer la comprobación en grupo-clase

mediante preguntas («¿Quién...?»). Introduzca **nadie**, ya que podrían necesitarlo para responder en algunos casos.

Aproveche el comentario de la actividad para llevar a cabo una conversación «espontánea» con los alumnos. Por ejemplo:

(Alumno):   «Tom se acuesta siempre tarde».
(Profesor): «¿A qué hora te acuestas, Tom?»
(Tom):   «A la(s)...».
(Profesor): «¿Por qué? / ¿Qué haces hasta esa hora?»

a) Los alumnos piensan individualmente en lo que hacen los fines de semana. Sugiérales que le soliciten la ayuda léxica que puedan necesitar.

b) Lo comentan con su compañero, el cual toma nota.

a) Actividad apropiada para realizar fuera del aula.

Escriben un párrafo sobre los fines de semana del citado compañero en un papel previamente entregado por el profesor (es importante que todos los papeles sean idénticos).

b) Se lo entregan doblado al profesor para que los redistribuya entre los estudiantes asegurándose de que ningún alumno recibe el que ha escrito antes o el que contiene información sobre él.

c) Cada uno lee en voz alta y por turnos el papel que le ha dado el profesor hasta que otro alumno se dé por aludido y diga «¡Soy yo!»

Y TAMBIÉN...

Pídales que lean el artículo y que le pregunten lo que significan las palabras que no entiendan. Haga énfasis en la explicación de las palabras clave.

Una vez comprendidas las preguntas, los alumnos escriben las respuestas.

Proceda a la comprobación en grupo-clase.

Explique las preguntas y pídales que piensen en las respuestas. Indíqueles que pueden usar el diccionario.

Dirija el comentario en grupo-clase.

Cada pareja comunica al resto de sus compañeros las frases que ha escrito. Averígüese cuál es el aspecto considerado por la clase como más positivo y cuál como más negativo.

a) Pida a los estudiantes que observen el chiste y que digan si les gusta o no.

b) Para realizar esta actividad de claro carácter participativo, trate de formar parejas en las que al menos uno de los miembros tenga cierta facilidad para dibujar. Indíqueles que pueden incluir el texto que deseen y pídales que la realicen fuera del aula.

Una vez dibujados los chistes, colóquelos en las paredes del aula y anime a los alumnos a que soliciten a sus autores las aclaraciones que pudieran necesitar.

LECCIÓN 13

Precalentamiento

Divida la clase en dos equipos: A y B. Los miembros del equipo A llevan el reloj adelantado diez minutos y los del B lo llevan atrasado otros diez minutos. El profesor le dice una hora a un alumno («Las nueve y veinticinco»). Éste deberá añadir o restar diez minutos según pertenezca a un equipo o a otro y decir la hora resultante («Las diez menos veinticinco» o «Las nueve y cuarto»). Si lo hace correctamente, obtiene un punto para su equipo. Gana el equipo que consigue más puntos.

a) Estimule a sus alumnos a que le pidan el significado de las palabras y expresiones que desconozcan.

b) Asegúrese de que entienden todo el vocabulario.

Pídales que completen las frases de cada pie de foto y que comprueben su trabajo con el compañero antes de proceder a la corrección en grupo-clase.

Actividad destinada a mostrar la importancia de los gestos y los aspectos extralingüísticos en el proceso comunicativo.

a) Cada alumno piensa en lo que hace en su trabajo. Explíqueles que pueden consultar el diccionario o solicitar ayuda léxica al profesor o a sus compañeros si la necesitan. Los que no tengan una profesión diferente a la de estudiante eligen la que deseen. Indíqueles que van a tener que asumir dicha profesión a lo largo de toda la lección.

b) Pídales que observen la ilustración y que transmitan a sus compañeros lo que han pensado en el apartado anterior. Recuérdeles que la comunicación no sólo se logra mediante la palabra. Realice usted alguna demostración.

c) Comentario en grupo-clase de los posibles aspectos llamativos de la información que acaban de recibir. También explican si fuera necesario el léxico recién aprendido.

 Es aconsejable hacer algún ejercicio de repetición con el vocabulario nuevo antes de que los alumnos digan qué medios de transporte pueden utilizar en su pueblo o su ciudad.

a) Centre la atención de sus alumnos en el uso de las preposiciones **en** y **a** —o ausencia de preposición— cuando nos referimos a las diferentes formas de desplazamiento.

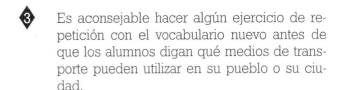

b) Escuchan y siguen el diálogo en sus libros. Pregunte dónde se hallan los dos hablantes (en clase) y comente el significado de **tardar**.

Ejercicios de repetición coral e individual con la ayuda de la casete.

 Pídales que paseen por la clase para hablar con sus compañeros y que anoten los nombres y las respuestas obtenidas. Por último, contrastan y comentan las cuestiones planteadas.

 Introduzca el adverbio y las locuciones adverbiales presentadas en el libro refiriéndose a la frecuencia con que usted realiza ciertas actividades.

Realice ejercicios de repetición antes de pedir a los alumnos que las ordenen.

 Compruebe si entienden todo el vocabulario.

Intente que los alumnos formulen las preguntas que deberán hacer a sus compañeros y pídales que paseen por el aula y que pregunten a todos los compañeros que haga falta para llevar a cabo la actividad. En clases numerosas es aconsejable realizarla en grupos de unos ocho alumnos.

a) Antes de que señalen sus respuestas —asumiendo la profesión elegida en la actividad 2— asegúrese de que conocen el significado de **jefe** y **clientes**.

Si muchos de los miembros de la clase sólo tienen como ocupación la de estudiante, puede adaptar el léxico del cuadro sugiriendo actividades más apropiadas a la situación. En tal caso convendría introducir expresiones del tipo **hacer exámenes, tener vacaciones**, etc.

b) Explique las posibles respuestas incluidas en el modelo y sonsaque las preguntas que harán a su compañero. Recuerde que la posición de **a menudo** en la frase es variable.

c) Pídales que comparen las respuestas de los dos y que comprueben cuántas coinciden. Introduzca **ningún/a** (podrían necesitarlo en el comentario final que se realizará en grupo-clase).

◆ 9   Estimule a los alumnos a que soliciten la ayuda léxica necesaria y compruebe si entienden las frases pidiéndoles otras equivalentes en su lengua. Comente qué es lo que más le gusta a usted de su trabajo y lo que menos.

◆ 10 a) Los estudiantes preparan individualmente sus respuestas, pudiendo recurrir al profesor cuando sea preciso.

b) Las comentan con su compañero.

◆ 11 a) Una vez aclaradas las posibles dudas, los alumnos relacionan las preguntas con las respuestas.

b) Comprueban lo acertado de su trabajo anterior escuchando la grabación.

c) Ejercicios de repetición coral e individual.

◆ 12 Haga que los alumnos observen el dibujo y que respondan a preguntas generales que ayuden a contextualizar la situación planteada.

Procedimiento: Seguir los pasos sugeridos para las **escuchas selectivas**, página 6.

Entrevistadora: Buenos días, soy de Onda Libre, y estamos haciendo una encuesta sobre las condiciones de trabajo en España... ¿Podría hacerle unas preguntas? Es sólo un momento.
Jorge: Bueno... de acuerdo, si es poco tiempo...
Entrevistadora: ¿A qué se dedica?
Jorge: Soy peluquero.
Entrevistadora: ¿Cuántas horas trabaja al día?
Jorge: Ocho.
Entrevistadora: ¿Trabaja los fines de semana?
Jorge: Sí, los sábados por la mañana.
Entrevistadora: ¿Cuántos días libres tiene a la semana?
Jorge: Pues los lunes y los sábados por la tarde y luego... pues los domingos completos.
Entrevistadora: ¿Y cuántas vacaciones?
Jorge: Un mes al año.
Entrevistadora: ¿Qué es lo que más le gusta de su trabajo?
Jorge: Que es un trabajo creativo y... no sé... que conoces a mucha gente.
Entrevistadora: ¿Y lo que menos?
Jorge: El horario.
Entrevistadora: Y para terminar, ¿está contento con su trabajo?
Jorge: Sí, bastante.
Entrevistadora: Bien, pues esto es todo. Muchas gracias por su colaboración. Adiós.
Jorge: De nada. Adiós.

◆ 13 a) Los alumnos preparan, en parejas, las preguntas de la encuesta propuesta.

b) Piensan individualmente en sus respuestas.

c) Explique el lenguaje que se va a utilizar al principio y al final de la entrevista.

Si lo desean, se les puede grabar mientras hacen la entrevista para que a continuación se escuchen hablando y comenten sus impresiones sobre la forma en que hablan español.

Por último, se intercambian los papeles de encuestador y encuestado.

Pueden basarse en las respuestas del compañero al que han entrevistado para escribir una redacción sobre sus condiciones de trabajo.

Y TAMBIÉN...

◆ 1 Ayude a los alumnos a resolver las dificultades léxicas que puedan tener.

◆ 2 Pídales que respondan al cuestionario.

◆ 3 Explique el sistema de puntuación y la interpretación de los resultados.

Dirija el comentario de los alumnos sobre sus resultados. Pídales que expresen su grado de acuerdo o de desacuerdo con los mismos.

LECCIÓN 14

Precalentamiento

Pida a sus alumnos que escriban un párrafo sobre un compañero, pero sin mencionar datos exclusivos del mismo (el nombre y tal vez la nacionalidad y la profesión). Pueden hacer alusión al sexo, edad, aspecto físico, carácter, cosas que (no) le gustan, hábitos, condiciones de trabajo, etc.

Recoja todos los textos y colóquelos en la pared para que los lean los alumnos e intenten adivinar de quién se trata en cada caso.

En clases numerosas, esta actividad puede realizarse en grupos de seis u ocho alumnos.

1 Pida a los estudiantes que busquen en un diccionario bilingüe el vocabulario que no conozcan.

A continuación completan las frases con las palabras adecuadas y comprueban su trabajo en parejas antes de proceder a la corrección en grupo-clase.

2 Cada alumno anota las palabras que oiga en la columna correspondiente (ESTAR o TENER). Realícese alguna demostración antes de proceder a la audición.

Enfermo, hambre, cansada, nervioso, calor, triste, frío, preocupada, miedo, contento, sueño, sed.

SUGERENCIA

El **juego de la pelota,** en grupos de seis u ocho. El alumno que pasa la pelota dice una de las palabras presentadas en la actividad anterior («Hambre») y el que la recibe, una frase («Tengo hambre»).

3 Cada miembro de la pareja elige uno de los estados físicos o anímicos introducidos y hace mimo. Su compañero tiene que decir qué le pasa; él sólo puede asentir o negar mediante gestos.

4 a) Asegúrese de que entienden el significado de las frases que aparecen en las ilustraciones.

b) Haga observar a los alumnos la presencia de los signos de exclamación y pídales que digan las frases en voz alta.

c) Escuchan y comprueban lo acertado de su pronunciación y entonación. Resalte la importancia de una entonación adecuada.

Ejercicios de repetición coral e individual.

5 Centre la atención de los alumnos en los exponentes para expresar las sensaciones presentadas y en las diferentes formas de reaccionar.

El profesor puede indicar, valiéndose de gestos, cómo se siente y pedir a los alumnos que digan si comparten o no esas sensaciones.

(Profesor): «¡Qué hambre tengo!»
(Alumno): «Yo también».

A continuación pueden realizarse unos intercambios alumno-alumno dirigidos por el profesor: éste muestra un estado de ánimo con gestos, un alumno lo expresa con palabras y el profesor indica a otro que diga si él también se siente así o no.

6 Los alumnos escuchan los diálogos y señalan si las informaciones son verdaderas o falsas.

Comprobación en parejas y puesta en común en grupo-clase.

Escucha de los puntos en los que discrepen.

Nueva puesta en común.

Escucha final de comprobación.

1. — *¡Uf...! ¡Qué nervioso estoy!*
   • *¿Sí? Pues yo no.*
2. — *¡Qué hambre tengo!*
   • *Yo también.*
3. — *¡Qué sed tengo!*
   • *Y yo también.*
4. — *¡Qué preocupado estoy!*
   • *¡Ah! Pues yo no.*

7 Una vez observado el dibujo, pida a los estudiantes que comenten sus propias sensaciones con su compañero.

8 Introduzca las partes del cuerpo propuestas diciendo sus nombres a la vez que las señala en su propio cuerpo. Haga que los alumnos los repitan coral e individualmente.

Pídales que escriban los nombres que faltan en la ilustración.

Corrección: algunos alumnos hacen lo mismo en un dibujo copiado por usted en la pizarra.

◆ 9 Explique que sólo deben tocarse la parte del cuerpo mencionada cuando la instrucción vaya precedida de la frase «Simón dice...». Realice varias demostraciones y, antes de empezar a jugar, indíqueles que el alumno que se equivoque tendrá que seguir dando las instrucciones.

En clases numerosas es aconsejable realizar esta actividad en grupos de seis u ocho estudiantes.

◆ 10 Presente el lenguaje necesario para hablar de los dolores y las enfermedades propuestas haciendo mimo. Preste especial atención a la morfología y al funcionamiento sintáctico del verbo **doler**.

Realice un ejercicio oral del tipo:

(Profesor): «La cabeza».
(Alumno): «Me duele la cabeza».

Pídales que finjan que les duele alguna parte del cuerpo para que sus compañeros adivinen de cuál se trata.

Los alumnos escriben qué le pasa a cada uno de los personajes numerados en el dibujo.

◆ 11 Presente el vocabulario nuevo y pida a los alumnos que observen el cuadro.

Para incidir en el contraste **doler - tener - estar,** puede realizarse un ejercicio oral idéntico al del que ha sido propuesto en la actividad anterior:

(Profesor): «Fiebre».
(Alumno): «Tengo fiebre».

SUGERENCIA

Divida la pizarra en tres partes y escriba en cada una de ellas uno de los tres verbos mencionados. Un alumno lanza una pelota de papel contra la misma y dice el nombre de un compañero. Éste tiene que decir una frase hablando de dolor o de enfermedad que incluya el verbo escrito en la parte en la que ha dado la pelota.

 ◆ 12 a) Los alumnos escuchan el diálogo y lo siguen en el libro.

Comente el vocabulario nuevo. Resalte las diferencias existentes en el funcionamiento sintáctico de los verbos **pasar** y **encontrarse.**

b) Ejercicios de repetición coral e individual.

Puede pedirles que practiquen en parejas utilizando la técnica de leer, alzar la vista y hablar si lo precisan.

◆ 13 a) Presente el concepto de **remedio** y pida a sus alumnos que averigüen, en parejas y de la forma que deseen (consultando un diccionario bilingüe, preguntando al profesor o a sus compañeros, etc.), el significado del léxico propuesto.

b) Los alumnos asocian los remedios con enfermedades.

Présteles la ayuda léxica que necesiten.

Éste puede ser un buen momento para introducir los nombres de ciertas enfermedades que puedan padecer los estudiantes.

◆ 14 Explique las formas de hacer ofrecimientos y sugerencias y las de aceptar o rechazar presentadas en el cuadro. Preste especial atención a los gestos y a la entonación de las frases.

◆ 15 Asegúrese de que entienden **siéntate** y **descansa**.

Indique cómo se ha de completar el cuadro.

Los alumnos escuchan cada diálogo y escriben lo que hayan entendido.

Comprobación con el compañero y puesta en común en grupo-clase.

Escucha de los puntos en los que discrepen.

Nueva puesta en común y escucha final de comprobación.

1. — ¿Te encuentras mal?
   • Sí, me duelen las piernas.
   — Pues siéntate y descansa un poco.
   • Vale.
2. — ¿Te pasa algo?
   • No, no. No me pasa nada.
   — ¡Ah! Bueno...
3. — Oye, ¿estás enfermo?
   • Sí, tengo la gripe.
   — ¿Y por qué no te vas a la cama?
   • Sí, si sigo así...
4. — ¿Qué tal?

- *Fatal.*
- — *¿Pues qué te pasa?*
- *Tengo una tos tremenda.*
- — *Es que fumas demasiado.*
- *Ya...*

5. — *Oye, ¿no te encuentras bien?*
- *Me duele muchísimo la cabeza.*
- — *¿Quieres una aspirina?*
- *Sí, gracias.*

16. Cada alumno piensa en una dolencia o en una enfermedad. Su compañero le pregunta qué le pasa y le sugiere remedios hasta que acepte uno.

Y TAMBIÉN...

1. Recuerde que el vocabulario que aparece en esta actividad se tratará únicamente de manera receptiva y que no se pedirá a los alumnos que lo produzcan.

Estimúleles a que soliciten a sus compañeros o al profesor la ayuda léxica que precisen.

2. Los alumnos señalan sus respuestas individualmente.

Explique el sistema de puntuación y la forma de interpretar los resultados.

Dirija un comentario sobre este tipo de cuestionarios: pregúnteles si les gustan, si los hacen a menudo, si creen en ellos, etc.

SUGERENCIA

El profesor puede proponer un ejercicio de relajación. Introducir el vocabulario necesario antes de proceder a su realización. Se pueden repetir las palabras y las frases, según se considere necesario. A continuación se presenta un posible texto para realizar un ejercicio de relajación:

Siéntate cómodamente... relájate... pon los brazos sobre las piernas... cierra los ojos... y respira profundamente una vez... otra... y otra... Ahora imagina que estás en el campo... hay muchos árboles... todo es verde, verde... y el cielo está azul... muy azul... Estás paseando por el campo... hay flores de muchos colores... azules, blancas, rojas, amarillas... ¡son muy bonitas! ¡Escucha!... ahora oyes un sonido a lo lejos... ¡escucha!... es el agua de un río... sigues caminando en dirección al lugar de donde viene el sonido... andas y andas... y ¡por fin ves el río!... El agua es muy clara y transparente... y te metes en el río... ahora estás en el agua... ¡qué buena está el agua! ¡qué fresca!... ¡Escucha!... ¡oyes otro sonido!... ¡escucha!... ¡escucha con atención!... es el sonido de tu respiración lenta... muy lenta... ahora respira profundamente una vez... ¡ya!... otra... y otra... y ahora ¡abre los ojos!

Nota.
Aprovechamos para recomendar la realización de este tipo de ejercicios cuando el profesor lo crea conveniente. Su elaboración no es difícil y sus efectos son claramente positivos.

LECCIÓN 15

Precalentamiento

Pida a sus alumnos que escriban en un papel sus propias respuestas a las siguientes cuestiones:

— Número de hermanos.
— Medio de transporte utilizado para venir a clase.
— Lo que más te gusta de tu ciudad.
— Tu actor favorito.

Recoja todos los papeles y redistribúyalos entre los estudiantes. Procure que los alumnos sepan las preguntas que necesitarán hacer para obtener la información. Pídales que paseen por la clase y que se las formulen a sus compañeros para descubrir a la persona que ha escrito el papel que les ha tocado.

a) Represente otros diálogos telefónicos necesarios para facilitar la comprensión de las palabras o frases que no conozcan los alumnos. Recuerde que tendrá que asumir los papeles de los dos hablantes.

b) Los alumnos escuchan los diálogos que aparecen de manera incompleta en el apartado anterior y comprueban su trabajo.

1. — ¿Diga?
   • ¿Está Luis?
   — Sí, soy yo.
   • ¡Hola!, soy Inés. ¿Qué tal?

2. — ¿Dígame?
   • Buenos días. ¿Está Rosa?
   — ¿De parte de quién?
   • De Ángel.
   ...

3. — ¿Dígame?
   • ¿Está Alberto?
   — ¿Quién?
   • Alberto, Alberto López...
   — No, no es aquí. Se ha equivocado.
   • ¡Ah! Perdone.

4. — ¿Sí?
   • ¿Está Manolo?
   — No, no está. Volverá después de comer.

5. — ¿Sí?
   • ¡Hola! ¿Está Marina?
   — Un momento, ahora se pone.

6. — ¿Diga?
   • ¿Está Victoria, por favor?

— En este momento no puede ponerse. Está en la ducha.
   ...

 Ejercicios de repetición coral e individual.

 Asegúrese de que entienden mediante las pautas las situaciones planteadas.

Haga observar el ejemplo dado y añada usted algún otro.

Antes de proceder a la puesta en común en grupo-clase, pida a sus alumnos que comparen en parejas lo que han escrito.

 Explique **comunica** y **no contesta**.
Los alumnos escuchan los diálogos y señalan la columna correspondiente en cada caso. Comprobación en parejas.

Puesta en común en grupo-clase.

Escucha de los diálogos en los que discrepen y nueva puesta en común.

Escucha final de comprobación.

1. — ¿Dígame?
   • ¿Está Pepe, por favor?
   — Mira, es que ahora no puede ponerse. Está bañando al niño.
   • Vale, gracias. Ya llamaré después.

2. (Está comunicando.)

3. — ¿Dígame?
   • ¿Está Charo, por favor?
   — ¿Charo...? No, no es aquí; se ha equivocado.
   • Perdone.
   — Nada, nada. Adiós.
   • Adiós.

4. (No contestan.)

5. — ¿Dígame?
   • Buenos días. ¿Está la señora Torres, por favor?
   — Sí, soy yo.
   • Mire, le llamo de Viajes Lejarreta...

6. — Erre Eme, buenos días.
   • ¿El señor González, por favor?
   — Ahora no puede ponerse. Está en una reunión.
   • ¿Puede decirle, por favor, que ha llamado Luis Sierra y que...?

7. • ¿Sí? ¡Hola!, soy Mari Carmen. ¿Está Jesús?
   — ¡Hola, Mari Carmen! Jesús no está. Se ha ido a clase.

- *Bueno, pues ya llamaré más tarde.*
— *Ya le diré que has llamado.*
- *Gracias.*
— *Adiós.*

5 Para hacer más realistas las situaciones planteadas es aconsejable que cada miembro de la pareja se coloque de espaldas a su compañero.

Pasos: ver página 7, **simulaciones**.

6 Esta actividad puede realizarse de dos maneras:

1. Los alumnos buscan en un diccionario las palabras que no entiendan y señalan si las informaciones son verdaderas o falsas.
2. Introduzca el vocabulario nuevo sirviéndose de la sección de espectáculos de un periódico y, a continuación, pida a los alumnos que señalen si las informaciones son verdaderas o falsas.

7 Asegúrese de que los estudiantes entienden todas las preguntas y pídales que busquen las respuestas en los anuncios y entradas de la actividad anterior.

Intente que surjan más formas de preguntar por el lugar y la hora en que puede tener lugar un espectáculo («¿Dónde...?», «¿En qué cine...?», «¿Cuándo...?», etc.). Puede pedirles que las practiquen utilizando los textos anteriores.

8 a) Los alumnos escriben, en parejas, preguntas similares a las de la actividad 7 sobre espectáculos que hay en el pueblo o la ciudad donde se encuentran ahora. Si lo cree necesario, puede entregarles fotocopias de las secciones de espectáculos de algunos periódicos.

b) Se las formulan a otra pareja para ver si conocen las respuestas. En caso negativo, pueden repetir el procedimiento con otras parejas hasta encontrar a una que dé las informaciones requeridas.

9 a) Pida a los estudiantes que cierren los libros y hágales escuchar una o dos veces cada diálogo.

Pregúnteles qué han entendido.

Pídales que le ayuden a reconstruirlos en la pizarra.

Escuchan y siguen los diálogos en el libro.

Explique las palabras y expresiones nuevas.

Ejercicios de repetición coral e individual.

Resalte el uso de **es que** en el segundo diálogo: sirve para introducir una explicación, una justificación, una excusa, etc.

b) Los alumnos practican los diálogos en parejas. Pueden utilizar la técnica de leer, alzar la vista y hablar.

10 a) Lea la lista en voz alta; pídales que levanten la mano cuando oigan alguna palabra o expresión que no conozcan. A continuación realizan la tarea pedida.

b) Haga mucho énfasis en la necesidad de poner una excusa o dar una explicación cuando rechacen una invitación.

11 a) Estimule a los estudiantes para que le soliciten la ayuda léxica que precisen. Puede suministrársela, con su ayuda, presentando y escribiendo en la pizarra un diálogo similar.

Preste especial atención al significado y al uso del verbo **quedar,** así como al funcionamiento sintáctico del verbo **parecer** y al que presenta en este caso el verbo **ir.**

Pídales que enumeren las frases del diálogo que aparece en el libro. Indíqueles que pueden recurrir al diálogo de la pizarra si lo necesitan.

Orden: E, A, B, D, G, C, F.

b) Pídales que escuchen la grabación y que comprueben su trabajo.

— *Oye, ¿nos vemos mañana por la tarde?*
- *Vale. De acuerdo. ¿Y qué podemos hacer? ¿Hay algo interesante?*
— *Pues mira, hay una exposición de Miró en el Reina Sofía.*
- *¡Ah! Muy bien. Me encanta Miró. ¿Cómo quedamos?*
— *No sé... Podemos quedar a las cinco en la puerta.*
- *Es que no me va bien tan pronto. ¿Qué te parece a las seis?*
— *Vale. Entonces quedamos a las seis.*

12 Los alumnos escuchan y repiten cada frase coral e individualmente.

Puede pedirles que practiquen en parejas el diálogo de la actividad anterior utilizando la técnica de leer, alzar la vista y hablar.

 13 Demuestre cómo deben completar el cuadro dibujando uno similar en la pizarra y rellenándolo con la información del diálogo de la actividad 11.

Pídales que escuchen cada diálogo y que completen sólo el apartado **¿Quedan?**

Puesta en común en grupo-clase.

Nueva escucha para completar el resto de los apartados.

Comprobación en parejas y posterior puesta en común en grupo-clase.

Escucha de los puntos en los que discrepen y puesta en común.

Escucha final de comprobación.

Respuestas:

	¿Quedan?	¿Qué día?	¿A qué hora?	¿Dónde?	¿Para qué?
1	sí	el jueves	sobre las seis	no se sabe	no se sabe
2	sí	el miércoles	sobre las ocho	en la puerta del cine	para ir al cine
3	no	....	....	....	....
4	no	....	....	....	....
5	sí	el viernes	a las diez menos cuarto	en el bar de enfrente	para ir a un concierto

1. — Bueno, entonces ¿quedamos mañana por la tarde?
   • Es que mañana no puedo. Tengo hora en el dentista.
   — ¿Y el jueves?
   • El jueves, el jueves... sí. ¿A qué hora?
   — Sobre las seis. ¿Te parece bien?
   • Sí, muy bien.
   — Vale. Hasta el jueves entonces.
   • Adiós.

2. — ¿Quieres venir al cine el miércoles?
   • ¿Qué película vais a ver?
   — «París-Texas».

   • ¡Ah! Sí, sí, que tengo muchas ganas de verla otra vez. La ponen en el Astoria, ¿no?
   — Sí y pensamos ir a la sesión de las ocho y media.
   • Muy bien. Entonces podemos quedar en la puerta sobre las ocho.
   — De acuerdo.

3. — Oye, tenemos que quedar un día para hablar despacio, ¿eh?
   • Sí, sí. Ya te llamaré otro día.

4. — ¿Diga?
   • ¡Hola, Marta! Soy Juan Carlos.
   — ¡Hola!
   • Mira, te llamo porque el viernes por la noche hemos quedado los de la clase para cenar. ¿Te apetece venir?
   — ¡Ah, fenomenal! No tengo nada que hacer el viernes.
   • Pues... hemos quedado a las nueve en el restaurante.
   — Muy bien. Dame la dirección.
   • El restaurante se llama «La Chispa» y está en la calle del Prado, número quince.
   — Vale, pues nos vemos el viernes.
   • Una cosa, la mesa está a nombre de Miguel.
   — ¡Ah! ¡Pero va Miguel! ¿Cómo no me lo has dicho antes?
   • No sé, es que...
   — ¡Ah! Si va Miguel, entonces yo no voy.

5. — Bueno, ¿por fin vamos el viernes al concierto?
   • Sí, sí. Ya te dije que sí.
   — Es a las diez, pero si te parece quedamos a las nueve.
   • ¡Huy! Demasiado pronto. Es que con los exámenes...
   — Bueno, pues... a las diez menos cuarto en el bar de enfrente. ¿Te parece bien?
   • Perfecto... oye, ¿y las entradas?
   — Ya las saco yo esta tarde.

 14 a) Pida a los alumnos que elijan tres espectáculos de un periódico local y que los anoten en la agenda especificando cuándo los quieren ver.

b) Haga una demostración llamando por teléfono e invitando a tantos estudiantes como necesite hasta que dé con uno que acepte su invitación. A continuación pida a los alumnos que sigan el mismo procedimiento. Recuerde que es aconsejable que se coloquen de espaldas a los compañeros que deseen invitar.

 a) Antes de que procedan al emparejamiento de las notas, suministre a sus alumnos la ayuda léxica necesaria para facilitar la comprensión de las mismas.

b) Recoja las invitaciones escritas por los alumnos y redistribúyalas entre los miembros de la clase.

c) Una vez escrita la respuesta, pídales que busquen al autor de la invitación y que se la devuelvan junto a la respuesta.

Y TAMBIÉN...

 Los alumnos buscan en el cartel los datos pedidos.

Puesta en común en grupo-clase.

 Sugiera a los alumnos que den más pistas a su compañero si fuera preciso (nacionalidad de la película, antigüedad de la misma, etc.).

Demuestre la actividad ante la clase.

 a) Explique el significado de las palabras que desconozcan los estudiantes.

b) El objetivo de esta actividad es resaltar una vez más la importancia de los gestos en el proceso comunicativo.

Realice alguna demostración, preferiblemente con el título de alguna película actualmente en cartelera.

REPASO 3

Precalentamiento

El juego de las asociaciones de palabras, en grupos de cinco o seis estudiantes. Haga que se coloquen en círculo y explíqueles que tienen que hacer asociaciones de palabras en cadena. Por ejemplo, el alumno 1 dice «cine» y el alumno 2 contesta «película»; éste a su vez dice «azafata» y el alumno 3, «avión», y así sucesivamente. Los alumnos que respondan correctamente en el plazo de 8-10 segundos conseguirán un punto; ganará el que logre más puntos.

  a) Los alumnos leen el texto individualmente y subrayan las palabras que no entiendan; introdúzcalas.

Cada alumno decide dónde van las frases A, B y C.

Comprobación en grupo-clase.

Respuestas: 1-C; 2-A; 3-B.

b) Asegúrese de que comprenden las ideas expresadas en las frases. Explíqueles que esa información es insuficiente para poder completar el cuadro, por lo que deberán consultar el texto del apartado anterior.

Pídales que le ayuden a deducir las dos primeras horas solicitadas (las 11.45 de la noche y las 8.15 de la mañana), y escríbalas en un cuadro previamente copiado por usted en la pizarra. Continúan individualmente y comparan sus respuestas con las de su compañero antes de proceder a la puesta en común en grupo-clase.

Respuestas:

	HORA
salir de casa	11.45 de la noche
acostarse	8.15 de la mañana
levantarse	3.15 de la tarde
comer	3.30 de la tarde
empezar las clases	5 de la tarde
terminar las clases	10 de la noche
cenar	10.30 de la noche

  a) Ayude a los estudiantes a resolver las dificultades léxicas que puedan tener.

Pídales que contrasten sus respuestas con las de su compañero.

Puesta en común en grupo-clase.

Respuestas:

1 – el 29 de mayo; 2 – en la Fundación Juan March; 3 – Alan Rudolph; 4 – Alain Delon; 5 – no se sabe; 6 – dos (los días 5 y 9 de mayo).

b) Explique que en la conversación no se menciona la fecha para la que es la invitación (se habla de **mañana**).

Procedimiento: seguir los pasos sugeridos para las **escuchas selectivas** (página 6).

— ¿Está Víctor?
• Sí, soy yo.
— ¡Hola! Soy Concha. ¿Qué tal?
• Bien... un poco cansado, pero bien. ¿Y tú?
— Bueno... pues como siempre. ¿Nos vemos mañana?
• Vale. ¿Qué tienes pensado?
— Hay una película de Alain Delon que me han dicho que está muy bien.
• ¡Ah! Pues podemos ir a verla. ¿En qué cine la ponen?
— En el Alexandra, muy cerca de tu casa.
• Perfecto. Y... ¿cómo quedamos?
— No sé. La última sesión empieza a las diez y media... podríamos quedar a las diez.
• ¡Uff...! Es tardísimo. ¿Por qué no vamos a la sesión de las siete?
— Bueno, vale. Entonces quedamos a las seis y media.
• De acuerdo. En la puerta del cine. Hasta mañana.
— Adiós.

c) Escriba en la pizarra los títulos y los nombres de los directores y actores de las tres películas que aparecen en el calendario:

«Dancing Machine», Alain Delon.
«Amor perseguido», Alan Rudolph.
«Escenas en una galería», Woody Allen.

Pregúnteles si conocen esas películas o a esos personajes.

Pídales que escuchen de nuevo la grabación para comprobar qué película van a ver las dos personas que han quedado.

Respuesta: «Dancing Machine». En ella interviene Alain Delon.

Informe a los alumnos de que la citada película sólo será proyectada el día 10 de mayo. Dado que ya saben que las dos personas han decidido verla **mañana,** no les resultará difícil calcular qué día tiene lugar la conversación (el 9 de mayo, jueves).

d) Procedimiento: ver página 7, **simulaciones**.

Puede sugerir a los alumnos que, si el compañero al que llamen por teléfono no acepta su invitación, telefoneen a otro que sí lo haga.

 Mediante esta actividad integrada, que permite la práctica de contenidos lingüísticos anteriormente tratados, se pretende que los estudiantes descubran el perfil del alumno medio de la clase.

a) Explique a los alumnos que en una fase posterior harán una entrevista a un compañero y que las preguntas versarán sobre los temas propuestos. Pídales que las escriban en grupos de cuatro. Es obvio que el primer tema **(sexo)** no precisa de una pregunta.

b) Corrección de las preguntas por parte de toda la clase. Intervenga cuando lo juzgue conveniente.

c) Es aconsejable que realicen la entrevista a un compañero al que no conozcan mucho. Es una forma de fomentar las relaciones entre los diferentes miembros del grupo.

d) Los alumnos eligen a un «secretario» para que anote en la pizarra sus respuestas. Finalmente proceden al recuento de los resultados y el secretario subraya las respuestas que se hayan dado un mayor número de veces.

e) Cada grupo se basa en los resultados hallados en el apartado anterior para escribir un texto sobre el alumno medio de la clase.

f) Intercambian el texto con otro grupo y corrigen el que han recibido. Recuérdeles que se limiten a subrayar lo que consideren erróneo.

g) Comentario de los errores con los autores de los mismos. Aclare las posibles dudas y desacuerdos que puedan surgir.

 a) Indique a los alumnos que pueden consultar sus cuadernos y sus libros de texto para buscar seis palabras o expresiones que les resulten difíciles.

b) Cada alumno explica al compañero las palabras o expresiones que éste no entienda. A continuación incluyen todas en una lista y buscan las que necesiten para reunir doce diferentes.

c) Intercambian la lista con otra pareja e intentan escribir una frase con cada una de las palabras o expresiones que figuran en la lista que han recibido. Plantee la actividad a modo de juego: gana la pareja que logre construir un mayor número de frases correctas.

 Pida a los alumnos que lean todas las frases y que soliciten la ayuda léxica que necesiten.

Explique las reglas del juego e infórmeles de que pueden decir lo que quieran y cuanto quieran sobre los temas propuestos. Haga una demostración.

Supervise el trabajo de los diferentes grupos y tome nota de los errores que cometan los alumnos para trabajar con los mismos en una posterior fase de revisión.

LECCIÓN 16

Precalentamiento

Forme parejas y pida a sus alumnos que descubran cinco cosas que tienen en común con su compañero (puede tratarse de información personal, gustos, cosas que hacen los fines de semana, aspectos relacionados con su trabajo, etc.): («¿Te gusta la música clásica?»)

Una vez descubiertas las cinco coincidencias, se las comentan al resto de la clase.

◆ 1 Asegúrese de que los alumnos entienden cómo se dicen en español los productos, envases, pesos y medidas presentados. Puede hacerlo pidiendo un equivalente en su lengua.

◆ 2 a) Los alumnos observan y describen mentalmente el dibujo durante un minuto.

b) Cada alumno anota las cantidades y los productos que ha visto en el apartado a).

Comprobación en grupo-clase.

◆ 3 a) Los alumnos escriben cada una de las palabras que oigan en la columna correspondiente. Para ello tienen que discriminar el número de sílabas y cuál es la más fuerte.

Galleta, arroz, azúcar, vino, leche, aceite, jamón, chorizo, patata, huevo, pollo, chuleta, merluza, lechuga, tomate, queso, naranja, manzana, plátano, sardina, yogur.

b) La corrección puede hacerse de cualquiera de estas dos formas:

1. Escuchan la grabación en la que se dicen las palabras por columnas y se autocorrigen.

Primera columna: arroz, jamón, yogur.
Segunda columna: vino, leche, huevo, pollo, queso.
Tercera columna: galleta, azúcar, aceite, chorizo, patata, chuleta, merluza, lechuga, tomate, naranja, manzana, sardina.
Cuarta columna: plátano.

2. Los alumnos corrigen las palabras escritas por sus compañeros en la pizarra, debajo de los encabezamientos correspondientes.

c) Dicen las palabras en voz alta.

Realice los ejercicios de repetición coral e individual que juzgue convenientes.

◆ 4 Los alumnos conocen ya el juego, puesto que lo han practicado anteriormente. En esta ocasión se llevará a cabo con los nombres de los pesos, medidas, unidades y productos vistos hasta el momento.

SUGERENCIA

Un alumno dice una frase y el compañero situado a su derecha la repite y añade otro producto, y así sucesivamente.

Alumno 1: «Esta mañana he ido al mercado y he comprado un kilo de naranjas».
Alumno 2: «Esta mañana he ido al mercado y he comprado un kilo de naranjas y un paquete de arroz».

◆ 5 Describa los dibujos 1 y 2. Estimule a los alumnos a que le soliciten las precisiones necesarias.

(Alumno): «¿Cuántas barras de pan hay?»
(Profesor): «Una».

Pídales que describan los dibujos restantes en grupo-clase.

Por último, cada alumno describe a su compañero el dibujo que desee para que adivine de cuál se trata.

◆ 6 Los alumnos observan el cuadro de presentación de pesos y medidas. Con el fin de anticipar posibles problemas, es aconsejable que centre su atención en las expresiones **medio kilo / litro** y **(un) kilo / litro y medio**.

 7 a) Los alumnos escuchan la grabación con pausas y hacen una lista de los productos, los pesos y las medidas que oigan. **Es importante que no escuchen el importe total de la compra.**

Corrección en grupo-clase de la lista copiada por un alumno en la pizarra.

Audición de los puntos en los que puedan discrepar.

b) Nueva escucha con pausas para que escriban con números el valor de cada producto.

Corrección: sígase el procedimiento sugerido en el apartado anterior.

c) Hacen la suma de todas las cantidades y dicen cuál es el total; el profesor lo escribe en la pizarra. A continuación escuchan el final del diálogo para comprobar si coincide con el mencionado por la cajera. Por último, es conveniente que escuchen toda la grabación y que al mismo tiempo lean sus anotaciones.

— *Doscientos gramos de jamón, quinientas sesenta pesetas. Un kilo de manzanas, ciento ochenta. Un paquete de galletas, doscientas treinta. Una botella de aceite, trescientas ochenta pesetas. Una barra de pan, cuarenta y cinco. Nada más, ¿verdad?*
• *No, nada más.*
— *Pues son... mil trescientas noventa y cinco pesetas.*

8 a) Pida a los estudiantes que cierren los libros y hágales escuchar el diálogo una o dos veces.

Pregúnteles qué han entendido y anote en la pizarra todo lo que le digan en el orden en que lo hagan.

Pídales que intenten ordenar lo escrito en la pizarra.

Vuelva a poner la grabación para que comprueben el orden y lo que pueda faltar.

Escuchan y siguen el diálogo en el libro.

Explique las palabras y expresiones nuevas.

Ejercicios de repetición coral e individual.

b) Pídales que lo practiquen en parejas; pueden utilizar la técnica de leer, alzar la vista y hablar.

9 a) Explique la situación planteada en el Libro del alumno.

Suministre la ayuda léxica necesaria para facilitar la comprensión de las frases del diálogo abierto.

Pida a sus alumnos que escriban la parte del diálogo que les corresponde. Explíqueles que deberán deducirla de la otra parte del diálogo y de la nota escrita a mano. Deles usted las tres primeras respuestas y anótelas en la pizarra.

Comprobación: corrigen entre todos un diálogo completado en la pizarra por algunos alumnos.

Practican el diálogo con el profesor, que asume el papel del dependiente.

b) Hágales escuchar la grabación con pausas para que todos los alumnos puedan hablar con el «dependiente».

10 Mientras los alumnos A y B deciden individualmente los precios de los productos que venden y elaboran las correspondientes etiquetas, el alumno C confecciona una lista de lo que quiere comprar.

Pasos restantes: ver página 7, **simulaciones.**

11 a) Actividad de carácter cultural que permite ampliar el léxico de los estudiantes.

Presente el vocabulario que no conozcan.

Respuestas:

café - Colombia; naranjas - España; fríjoles - México; chorizo - España; mate - Argentina; ron - Cuba; paella - España; tequila - México; churrasco - Argentina; arroz a la cubana - Cuba; tortilla - España; chile con carne - México.

b) Después de comentar los alimentos que han probado alguna vez, los alumnos preparan las explicaciones que darán a sus compañeros. Pueden hacer los dibujos que crean necesarios.

c) Ayude a los estudiantes, ya que esta vez no dispondrán de una fase previa de preparación.

12 a) Puede introducir los nombres de los platos que no conozcan mostrando fotos de los mismos.

b) Presente el vocabulario nuevo y pídales que ordenen los cuatro diálogos.

c) Comprueban el orden escuchando la grabación al mismo tiempo que leen.

Orden: C, B, A, D.

Ejercicios de repetición coral e individual.

d) Practican los diálogos en grupos de tres. Recuérdeles que pueden recurrir a la técnica de leer, alzar la vista y hablar.

13 a) Presente **tenedor** y **cerveza** con fotos o dibujos.

Sonsaque y explique los conceptos de

nombres contables y nombres no contables. Pregunte qué nombres de los incluidos en el cuadro son contables y cuáles no. Haga lo mismo con otros productos (leche, naranjas, aceite, etc.).

b) Ejercicio escrito de aplicación de los conceptos tratados en el apartado anterior.

 Escucha con pausas para que puedan rellenar el cuadro.

Comprobación en parejas.

Puesta en común en grupo-clase.

Escucha de los puntos en los que discrepen o que no hayan entendido.

Nueva puesta en común.

Escucha seguida de comprobación.

— ¿Qué van a tomar?
• *Yo, espárragos con mayonesa de primero y, de segundo... merluza a la romana.*
* *Pues yo, de primero, una ensalada y luego... ¿La trucha a la navarra cómo es?*
— *Frita y lleva pimientos rojos, almendras picadas y jamón.*
* *Pues entonces trucha a la navarra.*
— ¿Y para beber?
• *Yo, agua mineral sin gas.*
* *Para mí, vino.*
  ...
* *¡Camarero!*
— *Sí, ¿dígame?*
* *¿Nos trae un poco más de pan, por favor?*
  ...
— ¿Qué van a tomar de postre?
* *Yo, un flan.*

• ¿Qué fruta tiene?
— *Manzanas, naranjas y plátanos.*
• *Pues una naranja.*
— ¿Van a tomar café?
* *Sí, un cortado y una copa de coñac.*
• *Yo, un café solo.*

 a) Los alumnos elaboran, en grupos de tres, el menú del día de un restaurante. Estimúleles a que averigüen otros platos que toman ellos habitualmente.

b) y c) Procedimiento: ver página 7, **simulaciones.**

Y TAMBIÉN...

 Puede iniciar la actividad hablando con los alumnos sobre los hábitos de comida en España.

a) Pídales que señalen lo que sepan o crean saber sobre las informaciones que aparecen en el libro.

b) Los estudiantes leen el texto. Suminístreles la ayuda léxica que precisen.

c) Señalan si las informaciones del apartado a) son verdaderas o falsas.

Comprobación en grupo-clase.
Comparan las respuestas definitivas con las que habían marcado antes de leer.

Pregunte a los alumnos si han descubierto algún aspecto que les llame la atención. En caso afirmativo, pídales que lo expliquen a sus compañeros.

d) Dirija un comentario en grupo-clase en el que los estudiantes contrasten los hábitos de comida de su país con los existentes en España.

LECCIÓN 17

Precalentamiento

Escriba cada una de las partes de los siguientes diálogos en una tarjeta:

1. — ¿Te gusta Barcelona?
   • Me encanta. Es preciosa.
2. — ¿Quedamos a las ocho?
   • Es que no me va bien tan pronto.
3. — ¿La calle de Bolivia, por favor?
   • Es ésta.
4. — ¡Qué sueño tengo!
   • ¿Sí? Pues yo no.
5. — ¿Va a tomar postre?
   • Sí, un flan.
6. — Tú estás casado, ¿verdad?
   • No, no. Estoy soltero.
7. — ¿Está Ricardo?
   • Un momento. Ahora se pone.
8. — ¿Qué va a tomar de primero?
   • Sopa.

Asegúrese de que dispone de tantas tarjetas como alumnos haya en clase. Barájelas y dé una a cada estudiante. Es importante que distribuya diálogos completos. A continuación pídales que busquen a la persona que tenga la otra parte del diálogo e infórmeles de que ése será precisamente el compañero con el que trabajarán en parejas a lo largo de la presente lección. Compruebe si lo han hecho correctamente pidiéndoles que interpreten el diálogo ante toda la clase.

a) Cada alumno busca las cinco palabras que desee en un diccionario y las anota, con la traducción correspondiente, en su cuaderno.

b) Preguntan a sus compañeros cómo se dicen en su lengua las palabras que aún no conozcan. Es probable que, una vez concluido el intercambio, el profesor tenga que explicar algunas palabras que no hayan sido buscadas y explicadas por los alumnos.

SUGERENCIA

En clases en las que los alumnos no puedan comunicarse en una lengua común, el profesor introduce el léxico refiriéndose a prendas de vestir que lleva él o los alumnos, o mostrando fotos o dibujos.

c) El hecho de subrayar las palabras anteriormente introducidas ayudará al alumno a memorizarlas.

a) Los alumnos copian en su cuaderno las palabras del apartado a) de la actividad 1.

b) Escuchan la grabación y subrayan la sílaba fuerte de cada una de ellas.

Corrección en grupo-clase de las palabras escritas en la pizarra por algunos alumnos.

Vestido, vaqueros, abrigo, chaqueta, traje, medias, blusa, jersey, zapatos, camisa, bragas, camiseta, botas, corbata, calcetines, pantalones, calzoncillos, sujetador, falda, cazadora.

c) Ejercicios de repetición coral e individual.

a) Pida a los alumnos que cierren los libros y que se coloquen de espaldas a su compañero. Explique la mecánica de la actividad y demuéstrela con algún alumno. Haga hincapié en que expresen su acuerdo o su desacuerdo con lo que diga el otro miembro de la pareja.

b) Una vez anotado lo que lleva el miembro de la clase que elijan, lo dicen en voz alta para que sus compañeros traten de adivinar cuál es la persona de la que se está hablando.

Los alumnos escuchan y siguen en el libro el diálogo propuesto, cuya finalidad es activar la idea de comparación.

Sonsaque y explique los términos **mejor** y **seda.** Puede aprovechar para introducir **peor** y otros nombres de materiales: **tela, lana, algodón, cuero, plástico,** etc.

a) Presente las estructuras que aparecen en el cuadro comparando ciudades o coches que conozcan los alumnos (es conveniente que utilice fotos). Resalte la alta frecuencia de uso de la estructura **no tan... como,** en detrimento de **menos... que.**

b) Intente que los alumnos descubran el significado de **corta.**

Pida a sus alumnos que observen el dibujo de la actividad 1 y que deduzcan y escriban el nombre de la prenda a la que se hace alusión en cada frase. Haga que presten atención a la concordancia de género y número de los adjetivos y sustantivos que aparecen en ellas.

Respuestas:

1 - la chaqueta; 2 - la falda; 3 - el abrigo; 4 - los calcetines; 5 - los vaqueros; 6 - la corbata.

6 a) Asegúrese de que conocen el léxico propuesto. Para practicarlo, procédase a la descripción, en grupo-clase, de cada uno de los artículos del dibujo (ponga algunos ejemplos incidiendo en el uso de **muy, bastante** y **un poco).**

b) Utilice el ejemplo que aparece en el libro para demostrar la actividad y pida a los alumnos que elijan una prenda del escaparate (**vaqueros,** por ejemplo) y que escriban frases comparándola con las otras dos prendas de la misma clase (**vaqueros),** pero sin mencionar su nombre. El compañero tiene que adivinar de qué prenda se trata.

7 Centre la atención de los alumnos en el dibujo y hágales algunas preguntas sobre las características de los personajes y el lugar donde se hallan.

Los alumnos escuchan el diálogo a la vez que lo leen en sus libros.

Introduzca el vocabulario que desconozcan. Preste especial atención a las siguientes frases:

— ¿Cómo lo quiere?
— ¿Puedo probarme éste?
— ¿Qué tal le queda?
— Me lo llevo.

Pídales que cierren el libro y que digan las palabras y expresiones que recuerden.

Reconstruya el diálogo en la pizarra con la ayuda de los alumnos. Haga que lo escuchen de nuevo si fuera necesario.

Ejercicios de repetición coral e individual.

8 a) Pida a sus alumnos que observen el cuadro y que lean los ejemplos que aparecen en él. Estimúleles a que deduzcan el funcionamiento y el uso de los pronombres de objeto directo presentados.

Realícese un ejercicio oral de cualquiera de estos dos tipos:

1. (Profesor): «Talla, camisa».
   (Alumno): «¿De qué talla la quiere?»

2. (Profesor): «Camisa, más ancha».
   (Alumno): «La quiero más ancha».

b) Insista en los aspectos sintácticos relativos al verbo **quedar** tratados en la lección y proponga un ejercicio oral del tipo:

(Profesor): «El vestido, muy bien».
(Alumno): «Me queda muy bien».

Pídales que elijan una prenda de la actividad 1 y que practiquen el diálogo de la actividad 7 con su compañero. Recuérdeles que introduzcan los cambios que puedan ser necesarios y que utilicen la técnica de leer, alzar la vista y hablar si lo precisan.

9 Pasos: ver página 6, **escuchas selectivas.**

Dependiente: *Buenos días. ¿Qué desea?*

Cliente: *Buenos días. Quería una camisa roja como la que tienen en el escaparate.*

Dependiente: *Aquí tiene. ¿Qué le parece?*

Cliente: *Mm... la encuentro un poco ancha. ¿No tienen más estrechas?*

Dependiente: *Sí, tenemos esta otra de la marca Gravis que se está vendiendo mucho esta temporada.*

Cliente: *A ver... Sí, está muy bien. ¿Y el precio?*

Dependiente: *7.200 pesetas.*

Cliente: *¿Puedo probarme una?*

Dependiente: *¿Qué talla tiene?*

Cliente: *¡Ay! pues no sé...*

Dependiente: *¿Me permite, por favor? Es una 42. Tenga, pruébese ésta.*

...

Dependiente: ¿Qué tal? ¿Cómo se siente?
Cliente: Bien. Me queda muy bien... Me la llevo.

🔟 Procedimiento: ver página 7, **simulaciones**.

Y TAMBIÉN...

❶ En esta actividad se trabajará con un chiste elaborado por una alumna del autor (Riitta Scharf), cuyo humor viene determinado por un juego de palabras basado en la discriminación silábica:

«Lo coloco / loco - loco».
«Lo quita / loquita».

a) Los alumnos miran el chiste y leen el texto que aparece en él.

b) Pídales que busquen los verbos **colocar** y **quitar** en el diccionario. Asegúrese de que entienden el sentido que tiene cada uno de ellos en el chiste.

c) Explique el significado de **loco** y de **loquita**. Si lo cree necesario, puede escribir **lo coloco** en la pizarra y pedirles que formen dos palabras idénticas con esas sílabas **(loco loco)**.

Puede hacer lo mismo con **lo quita**; en este caso se les pediría que formaran una sola palabra **(loquita)**.

d) Asegúrese de que han entendido el chiste.

❷ La tarea de inventar otro chiste puede ser realizada fuera del aula. El hecho de comentarles que el chiste anterior es obra de una estudiante en español, podría resultarles motivador.

LECCIÓN 18

Precalentamiento

Los alumnos escriben el mayor número posible de palabras aprendidas en la lección anterior sin consultar sus libros ni sus cuadernos. A continuación comparan su lista con la del compañero y averiguan cuántas palabras aparecen en las dos listas. El profesor puede anotar en la pizarra las que sólo han sido escritas por un miembro de cada pareja y comprobar si el resto de los alumnos recuerda su significado. En caso negativo, deje que sean sus compañeros quienes se las expliquen.

 Juegue al ahorcado con la palabra **fiesta** y pida a los alumnos que observen el dibujo. Pregunte cuál puede ser el motivo de esa fiesta y sonsaque y explique el término **cumpleaños**. Formule otras preguntas sobre la situación reflejada en la ilustración (descripción de la habitación y de las personas que hay en ella, su estado de ánimo, etc.). Diga lo que están haciendo algunos de los invitados. Pregunte a los alumnos lo que están haciendo ciertos personajes. A continuación lleve a cabo unos ejercicios de repetición coral e individual.

Pida a los estudiantes que lean las frases y asegúrese de que entienden todo. Posteriormente dirán si las informaciones que contienen son verdaderas o falsas.

Procédase a la corrección en grupo-clase y pregunte a los alumnos qué están haciendo las personas a las que se hace alusión en las frases falsas.

 a) Centre la atención de sus alumnos en el esquema y explique el uso de **estar + gerundio** tratado en esta lección: sirve para referirse a acciones que se realizan en el momento en el que estamos hablando o del que estamos hablando.

b) Los alumnos completan individualmente el cuadro propuesto con las formas de gerundio correspondientes.

c) Explique las irregularidades que afectan al gerundio de los verbos presentados en el libro.

Realícese un ejercicio oral del tipo:

(Profesor): «Pedir».
(Alumno): «Pidiendo».

Explique el funcionamiento de los pronombres reflexivos con el gerundio («Está quitándo**se** la chaqueta» = «**Se** está quitando la chaqueta»). De momento no abordaremos la combinación de otros pronombres con el gerundio.

Hágase otro ejercicio oral:

(Profesor): «Está acostándose».
(Alumno): «Se está acostando».

(Profesor): «Se está levantando».
(Alumno): «Está levantándose».

❸ a) Cada alumno escribe cinco frases verdaderas o falsas describiendo la situación de la actividad 1. A continuación se las pasa a su compañero, que debe determinar si esas informaciones se ajustan o no a la realidad de la fiesta.

b) Introduzca **me parece que** y pídales que lean el ejemplo. Asegúrese de que entienden todo y formule otras preguntas de construcción idéntica a la presentada. Escriba en la pizarra, con la ayuda de los alumnos, la estructura gramatical común a todas ellas:

¿Qué + estar + gerundio + sujeto?

Realice alguna demostración con ciertos alumnos y pídales que procedan a la interacción comunicativa propuesta.

 a) Asegúrese de que conocen el verbo **ducharse**.

Los alumnos escuchan la grabación y cuentan el número de veces que oigan un verbo en gerundio (cinco: **haciendo, duchándose, haciendo, leyendo, estudiando**).

Comprobación en grupo-clase.

b) Explique la situación en la que se desarrolla la conversación: una madre llama por teléfono a casa desde el trabajo y pregunta por ciertos miembros de su familia; quiere hablar con algunos de ellos.

Escuchan con pausas y escriben las informaciones pedidas.

Comprobación en parejas y puesta en común en grupo-clase.

Nueva escucha y puesta en común de los puntos en los que puedan discrepar.

Escucha seguida de comprobación.

— ¿Sí? ¿Dígame?

• ¡Hola! Soy mamá.

— ¡Hola!...

• Oye, ¿me pones con la abuela?

— Es que está en el mercado haciendo la compra.

• Entonces ponme con Marta.

— Está duchándose.

• Vaya, pues le dices que me llame cuando termine.

— Vale...

• Y los niños, ¿qué tal? ¿Están haciendo lo que les he dicho?

— Sí, Carlitos está leyendo en su habitación...

• ¿Y Sonia?

— Está aquí, en el salón, estudiando matemáticas...

• ¿Seguro?

— Sí, mamá. Seguro...

5 Actividad de vacío informativo.

a) El alumno **A** asigna uno de los nombres propuestos a cada uno de los personajes del dibujo y lo escribe al lado. A continuación debe decirle al alumno **B**, respondiendo a sus preguntas, lo que está haciendo cada uno de esos personajes; éste tiene que escribir cada nombre al lado de la persona mencionada.

Al finalizar, comparan las dos ilustraciones y comentan con el profesor los problemas que hayan podido tener.

b) Cambian de papel y siguen el mismo procedimiento que en el apartado anterior.

6 a) Pida a los alumnos que se imaginen que están haciendo algo en un lugar determinado y que lo escriban.

b) Cada alumno simula estar haciendo lo que ha pensado en el apartado a). Sus compañeros tienen que adivinar lo que está haciendo exactamente y dónde. Pueden formular preguntas cuyas respuestas sólo serán **sí** o **no**.

 7 a) Haga algunas preguntas sobre el dibujo («¿Dónde están?», «¿Qué están haciendo?», etc.). Introduzca el término **regalo**.

Los alumnos escuchan la conversación a la vez que la leen en el libro.

Haga énfasis en la entonación y en el hecho de que decimos: **No, de verdad, gracias,** cuando se ha insistido previamente en el ofrecimiento.

Nueva escucha con los libros abiertos.

b) Pídales que respondan a las preguntas y que subrayen o escriban los exponentes de las funciones lingüísticas mencionadas.

Respuestas:

Ofrecer cosas: cuatro veces (Toma, esto es para ti; Coge, coge; ¿Quieres un poco de vino?; Coge un trozo de tarta, que está muy buena).

Aceptar ofrecimientos: tres veces (Muchas gracias; Sí, gracias; Sí, pero sólo un poco).

Rechazar ofrecimientos: una vez (No, de verdad, gracias. Es que ya no puedo más).

Comprobación en grupo-clase.

 8 Ejercicios de repetición coral e individual. Insista en la entonación.

Pida a los alumnos que practiquen el diálogo de la actividad 7 a) en parejas. Recuérdeles que pueden utilizar la técnica de leer, alzar la vista y hablar.

 9 a) Estimule a sus alumnos a que le soliciten la ayuda léxica que puedan precisar.

Procedimiento: ver página 7, **simulaciones**.

b) Los alumnos cambian de papel y repiten la actividad ofreciendo otras cosas.

 10 a) Una vez que hayan leído los nombres de los meses, asegúrese de que los asocian correctamente con los nombres existentes en su lengua.

b) Los alumnos escuchan las palabras y subrayan la sílaba fuerte de cada una de ellas.

Corrección: pida a determinados estudiantes que digan las palabras y las sílabas subrayadas.

Ejercicios de repetición coral e individual.

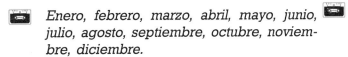 *Enero, febrero, marzo, abril, mayo, junio, julio, agosto, septiembre, octubre, noviembre, diciembre.*

11 Un alumno piensa en un día («El 14 de mayo», por ejemplo) y sus compañeros tienen que averiguar mediante preguntas de qué día se trata.

Explique los usos de **en, un** y **el** que aparecen en el ejemplo y haga una demostración de la actividad antes de que empiecen a jugar los alumnos.

12 Escriba los siguientes encabezamientos en la pizarra:

NOMBRE   CUMPLEAÑOS

A continuación pregunte a algunos alumnos qué día es su cumpleaños y haga que le pregunten por el suyo («¿Y el tuyo?»); anote cada respuesta en la columna correspondiente.

Los alumnos hablan con sus compañeros para averiguar y apuntar qué día es el cumpleaños de cada uno de ellos.

Comprobación en grupo-clase: dicen individualmente y en voz alta la información obtenida (**El cumpleaños de... es el...**), y el estudiante al que se alude muestra su acuerdo o su desacuerdo.

Anímeles a que se feliciten los días de sus cumpleaños.

13 Procedimiento: ver página 7, **simulaciones**. En el apartado a) se lleva a cabo el paso 1 y en el b), los restantes. Es aconsejable que los invitados vayan llegando de uno en uno a la fiesta.

Y TAMBIÉN...

Ejercicio de discriminación auditiva.

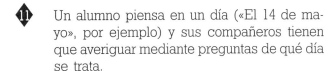

1 a) Si lo desea, puede pedir a los alumnos que entonen cada una de las frases propuestas.

Los alumnos escuchan una frase y deben determinar a través de la entonación cuál de las tres presentadas en el libro es (la enunciativa, la interrogativa o la exclamativa).

Comprobación en parejas y puesta en común en grupo-clase.

Escucha de las frases que no hayan sido discriminadas correctamente por todos los alumnos.

Puesta en común y nueva escucha si fuera necesario.

b) Ejercicios de repetición coral e individual. A continuación los alumnos pueden decir las frases individualmente.

Destaque los diferentes sentidos que, según el contexto, puede tener la entonación exclamativa: sorpresa, extrañeza, admiración, etc.

2 a) Forme parejas y pídales que escriban un diálogo incluyendo una de las veintisiete frases de la actividad anterior. Recuérdeles que el contexto, al igual que la entonación, juega un papel fundamental. Ponga usted algún ejemplo.

Supervise el diálogo creado por cada pareja y pídales que lo practiquen teniendo en cuenta aspectos tales como la entonación, la naturalidad, la fluidez, etc.

b) Cada pareja lo representa ante el resto de la clase, que debe decidir cuál es la frase elegida.

LECCIÓN 19

Precalentamiento

Escriba una palabra larga en la pizarra (**sudamericano**, por ejemplo) y pida a sus alumnos que formen con sus letras el máximo número de palabras posibles. Indíqueles que pueden usar todas esas letras en cada caso, pero sólo tantas veces como aparecen en la palabra propuesta por usted (sólo podrán repetir la **a**). Ponga usted algunos ejemplos: **sur, mar,** etc.

Pídales que se las digan a sus compañeros. Gana el que haya logrado reunir una lista más amplia de palabras.

 Presente el uso de **hoy** y **esta mañana** para referirse al pasado y vaya diciendo qué ha hecho antes de empezar la clase («Hoy me he levantado a las...», «He desayunado a las...», etc.). Haga mimo para facilitar la comprensión. Aclare el significado de cada frase y escríbalas en la pizarra para que sirvan de referencia visual a los alumnos. Una vez seguro de que los alumnos las entienden, pregúnteles a qué hora han realizado ellos **hoy / esta mañana** algunas de esas actividades («Yo me he levantado a las ocho. ¿Y tú?», «Hoy he desayunado a las ocho y media. ¿Y tú?», etcétera).

a) Lleve a cabo cualquiera de estas dos opciones:

1. Solicite, con los libros cerrados, nombres de cosas y publicaciones que se pueden leer. Introduzca aquellos que figuren en el Libro del alumno y que no hayan sido mencionados.

2. Pida a los alumnos que lean los nombres que aparecen en el libro y haga que expliquen a sus compañeros el significado de los que éstos desconozcan. Haga lo mismo con los que no entienda ningún estudiante.

Pídales que lean el texto y que respondan a las siguientes preguntas (escríbalas en la pizarra):

— ¿Dónde se puede encontrar? *(En un diario).*

— ¿Quién es Marta? *(Su amiga o su novia).*

— ¿Qué relación tiene el autor del texto con ella? *(De tipo amoroso o sentimental).*

Proceda a la comprobación de las respuestas en grupo-clase.

Con ayuda de los alumnos explique el vocabulario nuevo. Haga las preguntas necesarias para asegurarse de que han entendido sus explicaciones.

b) Los alumnos subrayan las actividades que ha realizado **hoy** el autor del texto. Sírvase de ellas para presentar la tercera persona del singular del pretérito perfecto de indicativo. A continuación pídales que lean de nuevo el texto y que escriban seis cosas que ha hecho su autor.

 a) Centre la atención de los alumnos en el esquema del libro y sonsaque la terminación del participio regular en cada una de las tres conjugaciones. Realice un ejercicio oral del tipo:

(Profesor): «Estar».
(Alumno): «Estado».

b) Los alumnos consultan el diario de la actividad anterior para completar los cuadros con los participios que faltan.

Comprobación en parejas antes de proceder a la puesta en común en grupo-clase.

c) Pídales que estudien las formas irregulares propuestas.

Lleve a cabo otro ejercicio oral como el efectuado en el apartado a), pero alternando verbos de participio regular con otros de participio irregular.

Escriba las siguientes frases en la pizarra:

«Me he levantado pronto».
«Nos hemos levantado pronto».
«Concha y Ana se han levantado pronto».

y estimule a los alumnos a deducir los siguientes aspectos:

— invariabilidad del participio pasado en las formas del pretérito perfecto.

— no se puede separar **haber** del participio pasado; los pronombres personales —en este caso reflexivos— van siempre delante de la forma personal del verbo **haber**.

Por último, comente el uso del pretérito perfecto visto hasta ahora: sirve para hablar del pasado del día en el que nos encontramos.

❸ Los estudiantes repiten las frases que oigan sólo si se ajustan a su realidad. Ya conocen la mecánica de esta actividad (ver la tercera de la lección 11). Antes de ponerles la grabación, asegúrese de que conocen **ducharse, lavarse los dientes** y **ponerse (ropa)**.

Esta mañana me he levantado pronto.
Me he duchado.
Me he lavado los dientes.
He hablado por teléfono.
He hecho gimnasia.
He desayunado mucho.
He tomado café con leche.
He bebido vino.
Me he puesto unos pantalones negros.
He leído el periódico.
He escrito una carta.
He venido a clase en autobús.
He visto la televisión.
He escuchado la radio.
Me he dado un paseo.
He hablado con mis compañeros.
He aprendido mucho en clase de español.

❹ Haga que los alumnos enseñen a sus compañeros las palabras del recuadro que éstos desconozcan. Introduzca usted las restantes.

Supervise la práctica escrita individual, haciendo las indicaciones que sean necesarias.

Comprobación: pida a varios estudiantes que escriban una frase cada uno en la pizarra para corregirlas entre todos.

❺ Demuestre la actividad anotando cinco respuestas en la pizarra (por ejemplo: 1. «Sí»; 2. «No»; 3. «Sí»; 4. «Sí»; 5. «No»). A continuación emparéjelas con las siguientes preguntas:

1. «¿Has bebido whisky en el desayuno?»
2. «¿Te has lavado la cara hoy?»
3. «Te has levantado a las diez?»
4. «¿Has venido a clase en avión?»
5. «Has tocado la guitarra esta mañana?»

a) Explique a sus alumnos que les va a formular cinco preguntas sobre «lo que han hecho hoy» y que las respuestas sólo pueden ser «sí» o «no»; antes deben escribir ellos las respuestas.

Formule cinco preguntas divertidas a los estudiantes.

b) Cada alumno anota las cinco preguntas curiosas u originales que hará a su compañero en una fase posterior, así como las cinco respuestas que dará a las preguntas de éste.

Forme parejas y pida a sus miembros que averigüen si se produce alguna coincidencia curiosa o divertida. Por último, lo comentan con los demás estudiantes.

❻ a) Presente la situación: una chica le cuenta a un amigo lo que ha hecho el día en el que están hablando. Pídales que escuchen la grabación y que sólo hagan una lista de las horas que oigan.

Respuestas:

ocho y media; nueve y veinte; doce; una; cuatro; cinco; siete.

Puesta en común en grupo-clase.

Juan: Y, bueno, dime, ¿qué tal el día?
Marisa: Fatal. Ha sido un día horrible.
Juan: ¿Y eso?
Marisa: Pues por todo: el trabajo... el tráfico... Mira, esta mañana he salido de casa a las ocho y media, como siempre, y había un tráfico tremendo. Total que he llegado al trabajo a las nueve y veinte.
Juan: Ya me imagino...
Marisa: Y luego el trabajo: el teléfono que no paraba de sonar...
Juan: O sea que otro día que te has quedado sin bocadillo...
Marisa: Sí que me lo he tomado, sí. A las doce he bajado al bar, pero no he estado mucho tiempo... Después, a la una, he tenido una reunión larguísima con mi jefe.
Juan: Pues habrás comido tarde...
Marisa: ¡He comido a las cuatro! Luego he vuelto a la oficina a las cinco y he salido a las siete, así que he hecho una hora extra y todo...
Juan: ... Y no has ido a la clase de inglés.
Marisa: No, como he salido tan tarde... Bueno, y tú, ¿qué tal?
Juan: Yo, bien. Ha sido un día normal...

b) Procedimiento: ver pasos 2-7 sugeridos para las **escuchas selectivas** en la página 6.

 Los estudiantes deben averiguar las cuatro cosas que han realizado los dos personajes a la misma hora. Para ello cada alumno debe ir diciendo a su pareja lo que ha hecho el personaje que le corresponde a cada una de las horas dadas. Su compañero replicará con la información correspondiente a su personaje.

Antes de iniciar el intercambio comunicativo, pida a los alumnos que preparen la parte que les corresponda.

Respuestas:

1. Los dos han hablado por teléfono por la mañana con una persona a la que quieren.
2. Han hecho la compra por la tarde.
3. Los dos han vuelto a casa tarde.
4. Los dos han visto las últimas noticias.

 Cada alumno escribe lo que ha hecho hoy y, a continuación, lo comenta con sus compañeros para descubrir cuáles son las cosas hechas por todos.

 Compruebe si recuerdan el uso del pretérito perfecto explicado en el apartado c) de la actividad 2. Explique que también sirve para hablar de acciones o sucesos pasados que el hablante siente próximos al presente; en esos casos pueden utilizarse los marcadores de tiempo apuntados en el libro. Resalte que los usamos refiriéndonos al pasado y añada algunos más: **este fin de semana; este verano, estas Navidades**, etc.

 Introduzca **alquilar, ingresar dinero en el banco** y **sacar dinero del banco** y asegúrese de que recuerdan el resto del vocabulario que deberán incluir en las frases.

Deje claro que «hoy es viernes, 23 de abril», y escriba en la pizarra, con la ayuda de los estudiantes, la semana completa a la que pertenece ese día:

lunes martes miércoles jueves viernes sábado domingo
19   20   21   22   23   24   25

Explique los ejemplos del libro y anote algún otro en la pizarra con la ayuda de los alumnos antes de que realicen la práctica escrita.

 Si están en el mes de enero, sitúe imaginariamente el día actual en cualquier otro mes del año (**octubre,** por ejemplo).

a) Haga una demostración diciendo frases que hagan referencia a algún personaje famoso.

Cada estudiante escribe cinco cosas que cree que ha hecho su compañero en el año.

b) Se las comentan al compañero para que éste confirme cuántas de ellas ha realizado realmente.

 Los estudiantes escuchan el diálogo y lo siguen en el libro.

Con ayuda de los alumnos explique las palabras y expresiones nuevas. Haga mucho énfasis en la entonación adecuada.

Ejercicios de repetición coral e individual.

Puede pedirles que practiquen el diálogo en parejas utilizando la técnica de leer, alzar la vista y hablar.

 a) Pida a sus alumnos que consulten el diccionario para averiguar el significado del vocabulario nuevo.

Asegúrese de que lo han entendido.

b) Plantee algunas situaciones similares a las que aparecen en el libro y ponga algunas excusas a modo de ejemplo. Insista en la necesidad de usar **es que** para introducirlas, tal y como se vio en la lección 15.

Cada alumno contrasta sus frases con las del compañero antes de proceder a la comprobación en grupo-clase.

 Procedimiento: ver página 7, **simulaciones**.

LECCIÓN 20

Precalentamiento

Cada alumno escribe el participio de los veinte verbos que desee (regulares e irregulares). A continuación contrasta su lista con la del compañero para ver cuántos figuran en las dos.

 Pida a los alumnos que observen las fotos. Compruebe si saben los lugares y monumentos que aparecen en ellas y dónde se hallan. Haga que sean los propios estudiantes quienes lo expliquen a aquellos compañeros que no lo sepan.

Respuestas:

1 - La Torre Eiffel (París); 2 - La Torre Inclinada de Pisa; 3 - Las ruinas de Machu-Picchu (Perú); 4 - La Estatua de la Libertad (Nueva York); 5 - El Partenón (Atenas); 6 - La Alhambra (Granada); 7 - La Plaza Roja de Moscú.

 Comente si ha estado o no en esas ciudades y cuántas veces, en caso afirmativo. A continuación pregunte a determinados estudiantes («¿Has estado alguna vez en París / Granada/...?») («Sí, [he estado] una vez / dos veces /...»; «No, no he estado nunca»). Estimule luego a los alumnos a que formulen ellos las preguntas.

Escriba algunas frases en la pizarra siguiendo los modelos propuestos en el libro y pídales que completen éstos con su propia información.

 Introduzca el vocabulario que no entiendan.

Explique a sus alumnos que van a escuchar una conversación en la que una guía turística comenta a otra persona algunas experiencias que ha tenido.

Síganse a continuación los pasos sugeridos para las **escuchas selectivas** (página 6).

— *Pues tú, con el trabajo que tienes, has debido estar en muchos sitios, ¿no?*
• *¡Huy! En muchísimos.*
— *¿En los cinco continentes?*
• *Sí, sí, en los cinco.*
— *Y te habrán pasado muchas cosas...*
• *Sí, de todo, buenas y malas... Algunas curiosas, como cuando monté en camello...*
— *¡Ah! ¿Sí? Cuenta, cuenta.*
• *Bueno, sólo he montado una vez, en Egipto, pero me encantó... No sé... tan alto y tan lento... Era una sensación muy agradable...*
— *Ya me imagino... Y seguro que has comido cosas rarísimas también.*
• *Ya lo creo, hasta he comido carne de serpiente.*
— *¡Ahgg...! ¡Qué horror!*
• *Pues no estaba mala, no.*
— *¿Y dónde fue?*
• *En Kenia, en un safari.*
— *¡Un safari! Eso sí que tiene que ser una aventura...*
• *¡Y que lo digas! Yo, la verdad es que nunca he pasado tanto miedo, pero...*

 Preste a sus alumnos la ayuda léxica que precisen.

Con su ayuda haga las preguntas que deberán hacer y las posibles respuestas.

Pídales que paseen por el aula y que pregunten a todos los compañeros que haga falta. En clases numerosas es aconsejable realizar esta actividad en grupos de unos ocho alumnos.

Una vez comprobadas las respuestas, puede aprovechar el momento para dirigir un comentario sobre algunos temas relacionados con la cultura española que han aparecido en esta actividad (**el turrón** y **películas españolas**).

 a) Presente, a ser posible con fotos, los lugares de Madrid incluidos en la lista y suministre cierta información cultural relativa a los mismos.

b) Introduzca el contraste **ya – aún / todavía no** refiriéndose a cosas que hace todos los días: indique cuáles ha hecho hoy ya y cuáles no ha hecho aún o todavía. Pregunte, a continuación, a algunos alumnos («¿Has desayunado ya?», «¿Ya has cenado?», etc.).

Pídales que realicen el ejercicio escrito y que comparen sus frases con las del compañero antes de proceder a la puesta en común.

Esta actividad es especialmente útil para aquellas clases cuyos miembros se encuentren en una localidad en la que no residen habitualmente. Si no es el caso de sus alumnos, sustituya los encabezamientos del cuadro por **nunca, una vez, número de veces** y **muchas veces**, y pídales que averigüen «quién conoce mejor su país». De llevar a cabo esta opción, las preguntas que formularán al compañero en el apartado c) serán del tipo «¿Has... alguna vez...?»

a) Los alumnos deciden en grupo-clase qué actividades consideran necesario realizar para tener «un cierto conocimiento» de la localidad (o del país) donde se hallan y las anotan en la parte izquierda del cuadro. Es aconsejable que les ayude usted con la primera y que la escriba en la pizarra.

b) Completan el cuadro con su propia información.

c) Antes de realizar el intercambio comunicativo, presente las preguntas y las posibles respuestas que deberán utilizar («¿Has... ya...?», «¿Ya has...?»).

d) Contrastan las respuestas de ambos para poder determinar quién «conoce mejor» la localidad (o el país) donde están.

a) Haga que los alumnos describan a los personajes que aparecen en las fotos y que añadan la información personal que crean adecuada en cada caso.

b) Cada estudiante asume la personalidad del personaje que desee y anota, consultando el diccionario si lo necesita, cosas que ha hecho a lo largo de su vida.

c) Supervise su trabajo, especialmente aquello que hayan tenido que buscar en el diccionario.

d) Cada estudiante comenta a sus compañeros lo que ha escrito para que traten de adivinar de quién se trata. Anímeles a que usen y expliquen al resto de los alumnos el vocabulario que hayan adquirido mediante la consulta del diccionario.

 Puede introducir el tema jugando al ahorcado con **curriculum vitae** y comentando sus «experiencias» con los idiomas.

a) Suministre la ayuda léxica que considere que van a necesitar los estudiantes.

Explique claramente en qué consiste la actividad: van a leer cuatro textos incompletos y tienen que determinar cuál de las cuatro frases dadas (A, B, C o D) es la que le falta a cada uno de ellos.

Comprueban sus respuestas con el compañero antes de pasar a la puesta en común.

Respuestas:

1 - C; 2 - A; 3 - B; 4 - D.

b) Asegúrese de que entienden las preguntas. Indíqueles que pueden leer de nuevo los textos para decidir las respuestas y pídales que las comenten con sus compañeros. Puede aprovechar para introducir el lenguaje necesario para expresar acuerdo o desacuerdo ante una opinión.

Respuestas:

— Akira piensa que el profesor debe corregirle siempre.

— Hanna cree que la gramática es fundamental.

— Lucy piensa que es importante hablar mucho en clase.

— Chris cree que hay que hacer ejercicios de fonética en clase.

c) Estimule a los alumnos a que expongan las razones que les llevan a pensar qué personas estudian en un país de habla hispana y cuáles no.

Respuesta: por lo que se desprende de sus comentarios, parece que todos, excepto Akira, tienen la posibilidad de practicar español fuera del aula, razón por la cual sería acertado pensar que los tres se hallan en un país hispanoparlante.

 Introduzca, si no lo ha hecho anteriormente, las formas de expresar acuerdo o desacuerdo ante la opinión de otra persona presentadas en esta actividad: **(no) estar de acuerdo con alguien** y **(no) tener razón**. Ponga algunos ejemplos y realice unos ejercicios orales del tipo:

(Profesor): «El tabaco es bueno para la salud».

(Alumno): «Yo no estoy de acuerdo contigo» / «Yo creo que no tienes razón».

Llévense a cabo algunas demostraciones profesor-alumno y alumno-alumno del intercambio propuesto. A continuación los alumnos lo realizan en parejas. Indíqueles que empiecen a hablar por turnos.

 a) Escriba algún ejemplo en la pizarra antes de que los alumnos anoten sus propias opiniones. Infórmeles de que pueden usar el diccionario y supervise su trabajo.

b) Durante la puesta en común puede averiguar cuáles son los aspectos más mencionados por los estudiantes. No olvide que este último punto puede resultarle de gran utilidad en lo sucesivo.

 Dirija el comentario en grupo-clase y, por último, pregunte a sus alumnos si se han mencionado algunas técnicas de trabajo que ellos no utilizan o que, incluso, desconocían. Pregúnteles si les parecen útiles y, en caso afirmativo, anímeles a que hagan uso de ellas cuando lo crean conveniente.

Y TAMBIÉN...

 a) Presente las palabras apuntadas en el libro (recuerde que sólo se trabajará con ellas de manera receptiva).

b) Los alumnos escuchan la canción y muestran que han reconocido las dos palabras escogidas.

 El contexto y otros aspectos gramaticales ayudarán a los estudiantes a deducir el sinónimo y el antónimo pedidos.

Respuestas: embustero, has odiado.

 Asegúrese de que entienden **dime**.

Antes de que los alumnos procedan a la escucha y lectura simultáneas de la canción, es aconsejable llamar su atención sobre el acento de la cantante.

Dirija un comentario de carácter cultural sobre el estilo musical al que pertenece la canción escuchada: el flamenco.

REPASO 4

Precalentamiento

He ido de compras y me he comprado... Juego en cadena (grupos de seis u ocho miembros).

Los alumnos se ponen de pie y en círculo. Inicia el juego un estudiante elegido al azar, que debe completar la frase citada al principio con el nombre de una prenda de vestir («He ido de compras y me he comprado **una camisa**», por ejemplo). El compañero situado a su derecha debe repetir esa misma frase y añadir el nombre de otra prenda («He ido de compras y me he comprado **una camisa y unos pantalones**»). La ronda continúa hasta que un alumno no recuerde alguna de las palabras que tiene que decir, no la mencione en el orden en que debe hacerlo, o no sepa qué añadir.

a) Pida a sus alumnos que describan las fotos y compruebe lo que saben sobre Lanzarote y las Islas Canarias. El profesor ampliará la información con ayuda de los alumnos.

b) Pasos: ver página 6, **escuchas selectivas**.

— ¿Dígame?

• ¡Hola, Rosa! Soy Chema.

— ¡Hombre, Chema! ¡Qué alegría! ¿Qué tal por Lanzarote?

• Fenomenal. Me está gustando muchísimo y lo estoy pasando muy bien.

— ¿Qué has visto?

• Pues mira, he estado en la Playa del Papagayo... en los Jameos del Agua... también he visitado ya el Parque de Timanfaya, que es impresionante...

— Oye... cambiando de tema, ¿te has comprado ya la cámara?

• Todavía no, pero ya he mirado en varias tiendas y están muy bien de precio.
— Sí, sí, están más baratas que aquí... Por cierto, ¿y cómo está Angelines?

• Bien, aunque todavía no la he visto. He quedado con ella para mañana. Quiero llevarla al restaurante que me recomendaste.

— Seguro que le gustará...

• ... ¡Oye, que se corta! Te llamo mañana, ¿eh?

— Vale. Un beso...

a) Los alumnos realizan una lectura general del texto y eligen el título que crean adecuado.

Respuesta:
«Comemos peor que antes».

b) Explique el vocabulario nuevo.

Pídales que hagan una lectura intensiva para detectar las dos frases sobrantes.

Respuesta:

«A mi padre le gustan mucho las naranjas» y «Muy cerca de donde estudio hay un hospital».

c) Cada alumno nombra dos de los alimentos tradicionales que aparecen en el texto y dice a sus compañeros si los ha probado o no y si le gustan.

d) Pregunte a sus alumnos si también están cambiando los hábitos alimenticios en sus países y dirija el comentario en grupo-clase

a) Asegúrese de que traducen correctamente las palabras que puedan tener que buscar en el diccionario.

b) Explique que sólo pueden escenificar una vez cada diálogo, razón por la cual deberán prepararlo cuidadosamente.

Es conveniente que haga una demostración: un alumno dice una palabra y usted prepara un diálogo con otro estudiante para representarlo posteriormente ante la clase.

Supervise el trabajo de cada grupo y aclare las posibles dudas y desacuerdos que puedan surgir.

El objetivo de este juego es encontrar los errores. Los alumnos van a trabajar con unas frases correctas y otras incorrectas.

Pídales que lean las instrucciones y explique lo que no comprendan. Puede leerlas en voz alta y pedir a los alumnos que levanten la mano cada vez que oigan algo que no entiendan.

Haga alguna demostración del juego.

Mientras estén jugando, supervise el trabajo de los diferentes grupos y resuelva las dudas o desacuerdos que puedan surgir. Preste especial atención a los casos en los que estén erróneamente de acuerdo (en esas ocasiones el jugador que acaba de mover su ficha no retrocede a la casilla donde estaba).

Una vez acabado el juego, pregunte cuáles han sido las frases más difíciles.

Como trabajo adicional fuera del aula, puede pedir a los alumnos que escriban individualmente frases similares a aquellas con las que han tenido más problemas.

Si la actividad les ha parecido interesante, sugiérales que vayan anotando frases con los errores principales que cometan en las dos semanas siguientes; pueden copiarlas en pequeños papeles del tamaño de las casillas del tablero para colocarlos sobre éstas y volver a jugar siguiendo el procedimiento ya visto.

LECCIÓN 21

Precalentamiento

Haga que un alumno se siente de espaldas a la pizarra, frente a sus compañeros. Escriba una palabra en la pizarra y pida al resto de los alumnos que ayuden a su compañero a adivinar de qué palabra se trata. Para ello pueden dar definiciones, decir frases a las que les falte esa palabra, hacer preguntas, señalar objetos o personas, hacer gestos, etc. El alumno que está de espaldas a la pizarra también puede formular las preguntas que quiera.

Demuestre el juego con la palabra «Plátano», por ejemplo:

— Hoy he comido sopa, pollo y un...
- Flan.
— No. Es una fruta.
- Manzana.
— Es masculino.
- Plátano.

 Presente el tema de los viajes preguntando a los alumnos los medios de transporte que utilizan habitualmente en la localidad donde están y para desplazarse a otras. Pregúnteles también por qué los utilizan.

Sírvase, a ser posible, de un billete de avión auténtico para introducir **billete, ida, ida y vuelta, número de vuelo, durar** y **reserva**.

Pídales que lean las frases individualmente y asegúrese de que entienden todo. A continuación señalan las respuestas en el cuadro. Pueden contrastarlas con las de su compañero antes de proceder a la puesta en común en grupo-clase.

a) Suministre la ayuda léxica necesaria antes de que los alumnos ordenen las palabras propuestas y las que deseen añadir según sus preferencias.

Averigüe el aspecto que es considerado mayoritariamente más importante y cuál menos importante.

Haga que expliquen a sus compañeros las palabras nuevas que vayan mencionando.

b) Haga una demostración y comente con sus alumnos adjetivos relacionados con **el precio (caro** y **barato)**.

Escriba en la pizarra los adjetivos que hayan salido.

Realice unos ejercicios de repetición coral e individual.

c) Indique a sus alumnos que no relacionen los adjetivos que hacen referencia al clima con medios de transporte.

Comprobación: usted nombra un medio de transporte y los alumnos, los adjetivos correspondientes.

 Puede introducir los exponentes propuestos simulando diálogos entre dos personas (sírvase de fotos o dibujos) en los que expresan preferencias sobre medios de transporte y explican sus razones. Resalte el sentido enfático de **yo** y **a mí**.

Pida a sus alumnos que lean las frases y presente el léxico que desconozcan.

Haga alguna demostración profesor-alumno y alumno-alumno.

Supervise el trabajo de las diferentes parejas durante la fase interactiva y, una vez concluida ésta, dirija una conversación «espontánea» sobre el tema.

 Puede explotar la imagen para aclarar la situación en la que se produce el diálogo, mediante preguntas («¿Dónde están?», «¿Cómo está la chica?», etc.).

Los alumnos leen las tres preguntas y, a continuación, escuchan el diálogo y lo siguen en el libro.

Pídales las respuestas y explique el vocabulario nuevo.

Ejercicios de repetición coral e individual.

Por último, los alumnos pueden practicar el diálogo en parejas utilizando la técnica de leer, alzar la vista y hablar.

a) Asegúrese de que los alumnos entienden las preguntas.

Llévese a cabo la puesta en común en grupo-clase una vez hayan comparado sus respuestas con las del compañero.

b) Pida a los alumnos que observen el horario de nuevo y formúleles algunas preguntas sobre la información recogida en él. A continuación juegan en parejas; supervise el lenguaje que utilicen. Tenga en cuenta que puede ser conveniente indicarles que traten de adivinar las respuestas que no recuerden.

Introduzca **fumador** y **no fumador**.

Escucha seguida para responder a la pregunta «¿Compra un billete de fumador o de no fumador?» (escríbala en la pizarra).

Comprobación de la respuesta en grupo-clase.

Escucha con pausas para completar el cuadro.

Comprobación con el compañero y puesta en común en grupo-clase.

Escucha de los puntos en los que discrepen y nueva puesta en común.

Escucha final de comprobación.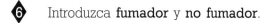

— *Buenos días. ¿A qué hora llega a Barcelona el tren de las diez y veinte?*

• *A las catorce cincuenta.*

— *¿Y el Talgo de las once y diez?*

• *A las catorce y treinta y cinco.*

— *Pues deme un billete para el de las diez y veinte.*

• *¿Fumador o no fumador?*

— *No fumador.*

 Pasos: ver página 7, **simulaciones**.

 Puede introducir el léxico nuevo mostrando fotos o dibujos, o, si lo desea, puede pedir a los alumnos que consulten un diccionario. En este caso es conveniente que explique el significado de **hace, llueve** y **nieva**.

Haga énfasis, para anticipar posibles problemas, en el uso de **hace** (decimos, por ejemplo, «Hace calor», y no «Es calor»).

Realice unos ejercicios de repetición coral e individual antes de que los alumnos lleven a cabo la tarea propuesta.

 a) Pregunte a los alumnos qué meses pertenecen a cada una de las estaciones del año.

b) Presente la estructura **a mí... me hace pensar en...** diciendo algunos ejemplos referidos a los dibujos de la actividad 8 («A mí el dibujo número tres me hace pensar en el otoño y en la primavera»).

 Centre la atención de sus alumnos en el uso de los adverbios **muy, mucho, bastante** y **poco**, así como en su posición dentro de las frases presentadas.

Puede introducir también ciertos exponentes para valorar el tiempo atmosférico del momento en el que estamos hablando: **está lloviendo / nevando, ¡cómo llueve / nieva!, ¡qué calor / frío hace!**, etc.

 Puede presentar esta actividad a modo de juego: cada alumno va anotando el número de pistas que da a sus compañeros y gana el que tenga que dar más, o menos... En la última opción las informaciones deben ser mucho más precisas que en la anterior.

SUGERENCIAS

Para alumnos que estén en su país:

Los alumnos piensan, en parejas o pequeños grupos, en cómo describirían a un hispanohablante el clima de su pueblo o su ciudad a lo largo del año. A continuación lo dicen en grupo-clase. Esta tarea puede ser considerada como preparatoria de la pedida en la actividad 12.

Para alumnos que estén en un país hispanohablante:

— Forme parejas cuyos miembros sean de diferentes nacionalidades y pídales que describan el clima del pueblo o la ciudad de su compañero en las diferentes épocas del año.

— Cada alumno describe a su compañero el clima de su pueblo o su ciudad en las diferentes estaciones del año.

 Actividad apropiada para realizar fuera del aula.

Ya escribieron una carta en la actividad 9 de la lección 5; sugiérales que la consulten si no recuerdan cómo se presenta una carta.

Y TAMBIÉN...

 Haga que los alumnos escuchen sólo los sonidos del principio de la canción.

Averigüe si se dan muchas coincidencias en lo que sugiera ese pasaje a los alumnos.

 Escuchan la canción a la vez que leen la letra. Haga que presten atención al acento del cantante y que, una vez concluida la audición, comenten si han oído alguna vez a otras personas con ese acento; pídales que indiquen dónde.

 Compruebe las respuestas y explique la palabra «clavel». Comente que Triana es un barrio de Sevilla al que se hace referencia en muchas canciones flamencas por ser, entre otras cosas, cuna de no pocos intérpretes de ese estilo musical.

 Dirija el comentario propuesto haciendo énfasis en las razones que pueda tener cada miembro de la clase.

LECCIÓN 22

Precalentamiento

Diga algunas cosas que **no** va a hacer el próximo sábado ni el próximo domingo y, a continuación, pida a sus alumnos que traten de adivinar qué va a hacer esos días. Aproveche en un principio lo que vayan diciendo para resaltar y presentar la estructura **ir + a + infinitivo** («Sí, el sábado voy a ir al cine»; «No, no voy a comer con mis padres»), y estimúleles a que la utilicen ellos en sus frases («¿Vas a...?»).

 Los alumnos escuchan el diálogo y lo siguen en el libro.

Explique el significado de «Otra vez será».

Ejercicios de repetición coral e individual.

 Compruebe lo que saben de Granada y sírvase de fotos para dar alguna información sobre dicha ciudad.

Trate de que sean los propios alumnos quienes expliquen el léxico del programa de la excursión que no entiendan algunos de sus compañeros.

 a) Añada algún otro ejemplo antes de que los alumnos escriban las preguntas en parejas.

Lleve a cabo la comprobación en grupo-clase.

b) Supervise el trabajo de las diferentes parejas.

 Escriba en la pizarra, con la ayuda de los alumnos, la perífrasis **ir + a + infinitivo** y algunas frases que contengan ese verbo conjugado en presente de indicativo. A continuación intente que los alumnos descubran sus usos: sirve para expresar planes y proyectos y para hablar del futuro.

Pídales que lean las referencias temporales presentadas en el libro y, por último, explique el significado de aquellas que puedan desconocer.

 Asegúrese de que conocen la palabra **sierra**.

Escucha seguida para responder a las preguntas «¿A qué concierto va a ir la chica el domingo?» y «¿Dónde va a ser el concierto?» (escríbalas en la pizarra).

Comprobación de las respuestas en grupo-clase.

Escucha con pausas para completar el cuadro.

Comprobación con el compañero o en pequeños grupos y puesta en común en grupo-clase.

Escucha de los puntos en los que discrepen y nueva puesta en común.

Escucha final de comprobación.

— ... Mira, te llamo porque el sábado por la mañana voy a ir de compras. ¿Te apetece venir?

• ¡Uff...! No puedo, es que tengo que ir al banco a hacer unas cosas y luego voy a ir a la peluquería... No sé... No creo que me dé tiempo, pero si quieres podemos ir por la tarde.

— Es que por la tarde tengo que estudiar. Tengo un examen la semana que viene y el domingo voy a ir a la sierra con Elsa...

• ¡Qué bien! Pues yo, nada, voy a aprovechar el domingo para dormir y descansar, que he tenido una semana horrible... ¡Ah!, y luego, por la noche, voy a ir a un concierto en la Sala Universal.

— ¿Quién actúa?

• Los Dinámicos. Están muy bien.

— ¡Huy! pero que muy bien. Yo los vi el año pasado y me gustaron mucho. Además...

 Asegúrese de que entienden la expresión **hacer una excursión**.

Haga alguna demostración de la actividad y pídales que paseen por el aula para preguntar a todos los compañeros que haga falta. En clases numerosas resulta aconsejable llevar a cabo esta actividad en grupos de unos ocho alumnos.

En la fase de comprobación, puede pedir más detalles a las personas que vayan a realizar ciertas actividades («¿Qué película vas a ver?», «¿Qué día vas a ir?», etc.).

a) Este tipo de actividad resultará familiar a los alumnos, dado que ya han resuelto un problema de lógica y han preparado otro en la lección 10 (actividades 12 y 13). Explique que cada pareja va a hacer sólo una cosa uno de los tres días.

Una vez comprobadas las respuestas en pequeños grupos, procédase a la puesta en común en grupo-clase.

Solución:

¿QUIÉNES?	¿QUÉ VAN A HACER?	¿CUÁNDO?
Nacho y Maite	van a ir a bailar	el sábado
Luisa y Carlos	van a ir al campo	el domingo
Ana y Juan	van a ir al teatro	el viernes

b) Los alumnos completan las frases con la información del cuadro.

Comprobación: pida a ciertos alumnos que rellenen el esquema previamente copiado por usted en la pizarra y corríjase colectivamente.

Solución:

Nacho *va a* ir a bailar con *Maite.* Van a ir el *sábado.* El *domingo* Carlos va a ir al campo con *Luisa.* Juan va a ir el viernes *al teatro.* Va a ir con *Ana.*

 a) Si la clase tiene lugar en algún país hispano o, si los alumnos conocen alguno, sería aconsejable que el lugar elegido fuera uno de ellos.

Indíqueles que traten de decidir sobre el máximo número de aspectos posibles.

b) Si presenta este apartado a modo de juego, la pareja ganadora será aquella que tenga que hacer menos preguntas para adivinar el destino elegido por la otra. Recuerde que deberán formular preguntas a las que sólo se podrá responder «Sí», «No» o «No sé».

 Introduzca la perífrasis **hay + que + infinitivo** mostrando algunos anuncios de ofertas de empleo y diciendo qué hay que hacer o qué requisitos hay que reunir para poder optar a esos puestos de trabajo. Entregue a los alumnos fotocopias de otros anuncios fáciles de comprender y pídales que hagan lo mismo en grupo-clase, previa preparación en parejas.

Asegúrese de que entienden las instrucciones de la actividad y el léxico de la nota manuscrita antes de pedirles que realicen la tarea propuesta. Si lo desea, puede dirigir un comentario sobre las razones que pueden llevar a Antonio a estudiar árabe y a elegir Egipto como país donde llevar a cabo sus estudios.

 Utilice los anuncios de la actividad anterior para trabajar con la perífrasis **tener + que + infinitivo**: asuma el papel de candidato y diga lo que tiene que hacer o qué condiciones tiene que reunir para poder optar a esos puestos de trabajo. A continuación explique el uso de esta perífrasis, así como el de la presentada en la actividad anterior: **tener + que + infinitivo** sirve para expresar obligación o necesidad de manera personal, mientras que **hay + que + infinitivo** sirve para hacer lo mismo, pero de manera impersonal.

Por último, pregunte a los alumnos qué tiene que hacer Antonio para conseguir el visado de entrada a Egipto.

 a) Los alumnos comentan en parejas las formas más adecuadas de aprovechar la enorme ventaja que supone estudiar una lengua extranjera en el país de origen.

Antes de que trabajen con el compañero, puede hacer que algún alumno pueda dar una respuesta y escribirla en la pizarra.

b) Una vez concluido el comentario propuesto, puede preguntar a los alumnos que se hallen en un país hispanoparlante si ellos hacen habitualmente eso. Finalmente, tenga en cuenta que éste puede ser el momento adecuado para dar ciertos consejos a sus alumnos sobre la manera de afrontar situaciones en las que la comunicación se produzca en español.

 Si lo desea, antes de realizar la actividad, puede pedir a los alumnos que traten de situar o describir geográficamente los lugares que aparecen en las fotos.

A continuación eligen uno de los destinos y piensan en lo que tienen que hacer para ir y en lo que van a hacer allí. Por último, lo comentan en grupos de cuatro; sus compañeros han de adivinar el lugar elegido.

Y TAMBIÉN...

 Explique **viaje de negocios** y pida a sus alumnos que lean la parte de la historieta que aparece en el Libro del alumno (la continuación figura en esta misma página). Explique el lenguaje que no entiendan y formule algunas preguntas de comprobación.

◆ 2 a) Los alumnos deciden y escriben, en grupos de tres, la posible continuación de la historieta.

Supervise lo que escriban y subraye los posibles errores para que traten de corregirlos los propios autores; si no lo consiguen, hágalo usted mismo.

b) Pídales que cuenten la historia entre los tres, sin leerla, al resto de sus compañeros.

◆ 3 Entregue la continuación del original a sus alumnos y pídales que la contrasten con la suya. Pregúnteles si les gusta o no y por qué.

◆ 4 Los alumnos deciden en grupo-clase qué historia se parece más a la original. Deje bien claro que no se trata de averiguar cuál es la mejor, sino simplemente la más parecida a la que acaban de recibir.

LECCIÓN 23

Precalentamiento

Cuente a sus alumnos que una persona que no les gusta nada les ha invitado a salir con ella el viernes por la noche. Pídales que busquen, en pequeños grupos, cinco buenas excusas para rechazar la invitación de manera convincente. A continuación forme grupos nuevos con los miembros de dos pequeños grupos y haga que se transmitan las excusas que han ideado y que decidan cuáles les parecen las dos o tres mejores. Por último, pueden comunicárselas al resto de la clase para que elijan las mejores.

a) Formule preguntas a sus alumnos sobre las diferentes imágenes: «¿Dónde están?», «¿Qué están haciendo?», «¿Qué relación creéis que tienen?», etc.

Pídales que lean los diálogos. Explique el léxico que desconozcan.

b) Asegúrese de que entienden **permiso** y **favor** y estimúleles a que identifiquen los diálogos en los que se solicita permiso para hacer algo y aquellos en los que se pide un favor a otra persona. Haga que le digan las frases mediante las cuales se expresan esas funciones lingüísticas.

Respuestas:

— Permiso:

«¿Puedo abrir la puerta?»
«¿Puedo poner este disco?»

— Favores:

«¿Puede bajar un poco la televisión, por favor?»
«¿Puedes pasar por casa a recogerme?»

Explique que usamos **¿puedo + infinitivo?** para pedir permiso, mientras que **¿puede(s) + infinitivo?** sirve para pedir favores.

Haga observar a sus alumnos que las peticiones de permiso y favores van acompañadas en muchas ocasiones de una explicación o una justificación, generalmente introducida por **es que** («¿Puedo abrir la ventana? **Es que está un poco cargado el ambiente**»; «¿Puede bajar un poco la televisión, por favor? **Es que estoy estudiando y no puedo con-centrarme**.»). Indique que también se pueden decir antes de pedir permiso o favores; en ese caso no van introducidas por ninguna palabra en especial («**¡Qué calor!** ¿Puedo abrir la puerta?»).

a) Lea varias veces los diálogos de las ilustraciones 1 y 3 de la actividad anterior y comente que **abra** y **pon** son dos formas verbales en imperativo afirmativo. Explique que para conceder permiso podemos usar ese modo verbal, si bien puede hacerse también sin utilizar ningún verbo («Sí, claro»; «Sí, por supuesto»; «Sí, sí»).

Resalte la importancia de la entonación en este tipo de frases, así como el hecho de que generalmente repetimos alguno de los elementos utilizados («**Sí, sí. Ábrala**»; «Sí, claro. **Pasa, pasa**»).

Escriba en la pizarra las formas del imperativo afirmativo correspondientes a **tú** y a **usted** que recuerden sus alumnos (ya se vieron algunas en la lección 9) y vea si son capaces de deducir las reglas de formación de las mismas. Pídales a continuación que observen el cuadro que aparece en el libro y explíquelo. Déjeles estudiarlo durante unos minutos.

Haga unos ejercicios de repetición corales e individuales.

Por último, realice otros ejercicios orales del tipo:

(Profesor): «Cerrar, tú».
(Alumno): «Cierra».
(Profesor): «Salir, usted».
(Alumno): «Salga».

b) Haga que los alumnos lean los ejemplos presentados y trate de que deduzcan la posición de los pronombres de objeto directo en la frase cuando los combinamos con el imperativo afirmativo (sólo nos referimos a ese tipo de pronombres porque son los únicos que se tratan en la lección).

Ejercicios de repetición corales e individuales.

Lleve a cabo algunos ejercicios orales del tipo:

(Profesor): «¿Puedo cerrar la puerta?»
(Alumno): «Sí, sí. Ciérrala».

(Profesor): «¿Puedo pasar?»
(Alumno): «Sí, claro. Pasa, pasa».

Finalmente, aproveche la situación real de la clase para que los alumnos practiquen la función lingüística de pedir y conceder permiso previa demostración profesor-alumno.

  a) Introduzca el léxico que desconozcan los estudiantes.

b) Los alumnos emparejan individualmente las preguntas con las respuestas.

c) Escuchan los diálogos que han relacionado en el apartado anterior y comprueban lo acertado de su trabajo.

1. — ¿Puedo encender la luz? Es que no se ve casi nada.
   • Sí, sí. Enciéndela.

2. — ¡Ay! Tengo que hablar con unos amigos. ¿Puedo hacer un par de llamadas?
   • Sí, claro. Hazlas, hazlas.

3. — Perdona, ¿puedo coger un cigarrillo?
   • Humm... Lo siento, pero es que sólo me queda uno.
   — No importa. Gracias.

4. — Ángel, ¿puedo tirar estos periódicos a la basura?
   • A ver... sí, sí, tíralos.

5. — ¿Puedes traerme el diccionario de inglés?
   • Es que no sé dónde está.
   — En la estantería, al lado de la televisión.
   • ¡Ah! Ya lo veo.

6. — Casi no se oye, ¿verdad? ¿Puedo subir el volumen?
   • Sí, claro. Súbelo.

Haga notar que, cuando denegamos permiso y cuando respondemos negativamente a la petición de un favor, ofrecemos una explicación, una justificación o una excusa, introducida normalmente por **perdona(e) / lo siento, pero es que**. Recalque, también, la importancia de la entonación en este tipo de frases.

Realice unos ejercicios de repetición coral e individual.

Por último, puede pedirles que practiquen los diálogos que acaban de ordenar, utilizando la técnica de leer, alzar la vista y hablar.

 a) Demuestre la actividad: copie en la pizarra un cuadro idéntico al del libro, represente un par de diálogos similares a los incluidos en la grabación y, con la ayuda de los alumnos, marque la columna correspondiente a los permisos o a los favores.

Escuchan los diferentes diálogos y señalan la columna que proceda.

Puesta en común en grupo-clase.

Escucha de los diálogos en los que no estén de acuerdo los alumnos y nueva puesta en común.

1. — ¿Puedes traer el pan cuando vuelvas de la cocina?
   • Vale.

2. — ¡Uff...! ¡Cómo llueve! ¿Puedo coger tu paraguas un momento?
   • Sí, sí. Cógelo.

3. — ¡Qué ruido! ¿Puedo cerrar la ventana?
   • Perdona, pero es que yo tengo bastante calor.
   — ¡Ah! Bueno...

4. — ¿Sabes una cosa? Hay un partido de fútbol buenísimo en la televisión. ¿Puedo ponerla?
   • Sí. Ponla, ponla.

5. — ¿Puedes traerme un paquete de tabaco cuando vuelvas?
   • Lo siento, pero es que no voy a volver.
   — ¡Ah! Bueno, pues entonces nada.

b) Se llevan a cabo los mismos pasos que en a), con la diferencia de que ahora tienen que escribir «Sí» o «No», según oigan una respuesta afirmativa o negativa. Recuerde que conviene efectuar una escucha final de comprobación.

 Introduzca el léxico nuevo y sugiera a sus alumnos que empiecen el diálogo de la manera siguiente (escriba en la pizarra):

— Ya sabes que la semana que viene me voy de vacaciones.
• Sí.
— Es que quiero pedirte unos favores...
• Tú dirás.
— ¿Puedes llevarme al aeropuerto el viernes por la tarde? Es que el avión sale a las

seis y media de la tarde y termino de trabajar a la cinco.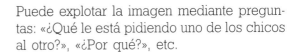

Procedimiento: ver página 7, **simulaciones**. Observe que primero es el alumno A quien pide unos favores a su compañero y, una vez concluida esta fase, el alumno B le solicita permiso para hacer ciertas cosas.

6 a) Puede asegurarse de que los alumnos entienden el diálogo formulando alguna pregunta («¿Se puede fumar en clase?»).

Escriba en la pizarra, con la ayuda de los alumnos, la estructura **se + puede + infinitivo**.

b) Suministre la ayuda léxica necesaria para efectuar una descripción colectiva de las imágenes antes de preguntar a sus alumnos dónde pueden hallar esas señales y esos carteles.

c) Hágales observar el ejemplo del libro y pídales algún otro. A continuación realizan la práctica escrita.

7 a) Explique el significado de **norma** y haga referencia a algunos aspectos del régimen interno de la clase (tenga presente que si introduce una nota de humor, la actividad resultará más interesante y motivadora a los alumnos). Haga que los alumnos inventen otras normas que servirán de modelo para confeccionar las listas pedidas.

b) Cada pareja lee sus listas al resto de los alumnos. Luego elaboran dos entre todos (una de cosas permitidas y otra de cosas no permitidas), en las que incluyen las normas aparecidas en todas las listas más otras mencionadas por algunas parejas y aceptadas por todos los miembros de la clase. Por último, es aconsejable que las escriban, entre todos, en una cartulina grande entregada por el profesor y que la coloquen en un lugar visible del aula.

8 Para demostrar la actividad, pida a un alumno que piense en un lugar público para que todos lo adivinen. Además de formular preguntas que incluyan la estructura **se + puede + infinitivo**, pueden hacer otras referidas al lugar en cuestión («¿Hay muchos en esta ciudad?»).

9 Puede explotar la imagen mediante preguntas: «¿Qué le está pidiendo uno de los chicos al otro?», «¿Por qué?», etc.

Haga que los alumnos escuchen el diálogo a la vez que lo leen en el libro.

Explique el vocabulario nuevo. Resalte que cuando pedimos algo prestado solemos decir por qué lo pedimos o añadimos **un momento** para precisar que lo vamos a utilizar durante poco tiempo («¿Me dejas el periódico? Es que quiero mirar una cosa», «¿Me dejas el periódico un momento?»).

Realice unos ejercicios de repetición coral e individual.

Los estudiantes pueden practicar el diálogo del libro en grupos de tres, utilizando la técnica de leer, alzar la vista y hablar.

10 a) Introduzca **¿Me da(s)...?** y pida ciertos objetos a sus alumnos (unos, prestados y otros, no) para que intenten deducir la diferencia entre **dar** y **dejar**. Asegúrese de que lo hacen correctamente.

Compruebe si entienden todo el vocabulario presentado en el libro antes de que hagan el ejercicio propuesto. Aclare que Gabinete Caligari es un grupo español de música pop; pregunte si lo conocen y, en caso afirmativo, si les gusta su música o no.

b) Explique que la respuesta negativa se da generalmente con una explicación, una justificación o una excusa normalmente introducida por **es que; lo siento, pero**; etcétera.

Haga observar a sus alumnos la morfología y la sintaxis del verbo **quedar**.

Es aconsejable llevar a cabo algunos ejercicios orales del tipo:

(Profesor): «¿Me das un chicle?»
(Alumno): «Es que no me quedan. Lo siento».

A continuación cada alumno decide individualmente cuatro cosas de su compañero que «necesita» y, por último, se las pide.

11 Procedimiento: ver página 7, **simulaciones**.

Y TAMBIÉN...

a) Los alumnos leen las frases; muchas de ellas les resultarán familiares por habérselas oído al profesor o porque las dicen ellos mismos en clase. Explique, no obstante, aquellas que no conozcan o que no recuerden.

b) Haga notar a sus alumnos que algunas de esas frases pueden ser utilizadas por el profesor y por los estudiantes («No me acuerdo», por ejemplo). Una vez concluida la discusión en parejas, procédase a otra en grupo-clase.

c) Quizá sea recomendable que el profesor aborde esta fase con una cierta dosis de humor, es probable que pueda extraer unas conclusiones muy útiles de aquello que digan los alumnos.

d) Esta actividad permite al alumno reflexionar sobre el uso que hace de determinado lenguaje aprendido tanto dentro como fuera del aula. También puede aprovecharse para estimular a los estudiantes a que enseñen a sus compañeros ciertas palabras o expresiones.

LECCIÓN 24

Precalentamiento

Un alumno piensa en una acción y sus compañeros intentan adivinarla haciendo preguntas a las que aquél sólo puede responder «sí» o «no». Dado que no saben de qué acción se trata, se referirán a ella mediante un verbo imaginario y de sonido divertido: «fifar».

Por ejemplo:

«¿Se puede fifar solo?»
«¿Se fifa en clase?»

Si lo desea, puede fijar un límite de tiempo (tres o cuatro minutos) o un número máximo de preguntas (veinte, por ejemplo). Para continuar el juego, otro alumno piensa en otra acción.

Es importante que haga alguna demostración del juego (el verbo **viajar** sería muy apropiado por estar relacionado con el tema de la lección).

◆ 1 Pida a sus alumnos que observen las fotos y formúleles las preguntas que se incluyen en el libro. Si hay algún estudiante en su clase que conozca Barcelona, haga que comente a sus compañeros lo que sepa sobre esos monumentos. En caso negativo, suministre usted una información de carácter general.

◆ 2 Los alumnos realizan una lectura selectiva de la postal para poder decir los lugares nombrados anteriormente que ha visitado su autora.

◆ 3 Pregunte a los estudiantes qué tres días se mencionan en la postal (**el viernes, ayer** y **hoy**). Aclare que, al citar **el viernes**, Cristina se refiere al viernes pasado. Explique el significado de **ayer**, y presente el nombre del tiempo verbal utilizado por Cristina para expresar lo que hizo esos dos días: **el pretérito indefinido**. Pídales a continuación que busquen en el texto las formas verbales pedidas en el libro que están conjugados en ese tiempo verbal.

Respuesta:

vine, salí, estuvimos, visité, gustó, fui, conocí.

Los alumnos deciden individualmente o en parejas cuáles de esas formas pueden ser irregulares y lo comentan con el resto de la clase. Confírmelo usted y agrupe sus infinitivos en dos columnas en la pizarra: regulares (**visitar, gustar, conocer, salir**) e irregulares (**ir, venir, estar**).

◆ 4 Los alumnos van leyendo las formas regulares del esquema según las va diciendo el profesor.

Dígalas de nuevo y haga que las repitan coral e individualmente.

Comente que, en pretérito indefinido, los verbos regulares de la 2.ª y 3.ª conjugación tienen las mismas terminaciones.

A continuación comience a conjugar esos verbos («Yo visité, tú...») e indique a diferentes alumnos que continúen.

Realice un ejercicio oral del tipo:

(Profesor): «Visitar, nosotros».
(Alumno): «Visitamos».

(Profesor): «Salir, tú».
(Alumno): «Saliste».

Siga el mismo procedimiento con los verbos irregulares incluidos en el esquema; es obvio que el tercer paso no deberá llevarlo a cabo.

Para terminar, realice otro ejercicio oral alternando verbos regulares con irregulares:

(Profesor): «Conocer, él».
(Alumno): «Conoció».

(Profesor): «Venir, vosotros».
(Alumno): «Vinisteis».

◆ 5 Actividad de sensibilización sobre la posición de la sílaba fuerte en las formas del pretérito indefinido.

a) Los alumnos escuchan las formas verbales recogidas en el libro y subrayan la sílaba fuerte de cada una de ellas.

La corrección puede efectuarse de cualquiera de estas dos maneras:

1. Los estudiantes van pronunciando cada una de las formas verbales haciendo énfasis en la sílaba fuerte.

2. Algunos alumnos copian esas formas verbales en la pizarra y subrayan las sílabas que consideran fuertes. A continuación se procede a la corrección colectiva.

Realice los ejercicios de repetición corales e individuales que juzgue necesarios.

b) Supervise la tarea de subrayar la sílaba fuerte en el resto de las formas del cuadro de la actividad 4.

Pídales que las pronuncien. Haga notar a sus alumnos que la sílaba fuerte de las formas **estuve, vine, hice, estuvo, vino** o **hizo** no es la última, a diferencia de lo que ocurre en la 1.ª y en la 3.ª persona del singular del resto de los verbos vistos.

SUGERENCIA

Oyes-dices, en grupos de cuatro.

El profesor distribuye estas tarjetas entre los miembros de cada grupo.

OYES	DICES
	salir (ellos)
fuimos	conocer (usted)
visitasteis	hacer (yo)
vino	visitar (nosotros)
salisteis	ser (ellos)
salí	venir (nosotras)
conocimos	estar (ellos)
vinieron	visitar (yo)

OYES	DICES
salieron	ser (tú)
visitaron	salir (nosotros)
fue	visitar (vosotros)
conociste	venir (él)
hicisteis	estar (nosotros)
fui	hacer (tú)
vinimos	ir (vosotros)
estuvieron	venir (ellos)

OYES	DICES
conoció	venir (yo)
estuvo	visitar (ellas)
salimos	ir (usted)
hice	estar (tú)
fueron	hacer (vosotros)
hiciste	salir (yo)
fuisteis	hacer (ustedes)
viniste	salir (él)

OYES	DICES
fuiste	ir (nosotros)
vine	estar (ella)
estuviste	conocer (tú)
visitamos	salir (vosotras)
estuvimos	ser (yo)
hicieron	venir (tú)
salió	conocer (nosotros)
visité	

Empieza el alumno cuya primera casilla de la columna «oyes» está vacía; nombra el primer verbo en infinitivo y el pronombre personal sujeto de la columna «dices» (**salir, ellos**). El alumno que identifica la forma verbal correspondiente en su columna «oyes» (**salieron**) menciona el infinitivo y el pronombre que figuran en su columna «dices» (**ser, tú**), y así sucesivamente.

Por ejemplo:

(Alumno 1): «Salir, ellos».
(Alumno 2): «Salieron».
              «Ser, tú».
(Alumno 3): «Fuiste».
              «Ir, nosotros».
(Alumno 1): «Fuimos».
              «Conocer, usted».

 a) Asegúrese de que conocen todo el léxico propuesto.

Explique lo que tienen en común todos esos marcadores temporales: la unidad de tiempo o el momento al que hacen referencia ha terminado ya.

b) Es aconsejable, por razones de espacio, pedir a los alumnos que copien la «línea del tiempo» y ordenen esas referencias temporales en una hoja.

Pida a un alumno que escriba en la pizarra la tarea que haya realizado y haga que sean sus propios compañeros quienes la corrijan.

Por último, haga que los alumnos piensen otros marcadores temporales con los que se puede usar el pretérito indefinido: **el lunes / martes /..., anoche, en enero / febrero/..., aquel año,** etc.

 a) Indique a sus alumnos que pueden recurrir al esquema de la actividad 4 si lo necesitan y supervise las frases que escriban.

b) Pida a sus alumnos que digan las cosas mencionadas por sus compañeros que les parecen interesantes, divertidas, sorprendentes o extrañas.

 Introduzca **tuve** haciendo referencia a sus últimas vacaciones.

Pida a sus alumnos que escuchen la grabación frase a frase y que digan la forma del indefinido que oigan más el infinitivo correspondiente.

(Alumno X): «Hizo, hacer».

88

A continuación asegúrese de que recuerdan la mecánica de este tipo de actividades (realizaron una en la lección 11 y otra en la 19). Tenga en cuenta que es conveniente que escuchen dos veces cada frase y que resulta aconsejable señalar con un gesto el momento a partir del cual los estudiantes pueden repetirla.

Ayer hizo calor.

El sábado fui al cine.

El lunes estuve enferma.

El año pasado estuve en España.

Hace tres días no vine a clase.

La semana pasada estudié mucho.

Anoche me acosté tarde.

En agosto tuve vacaciones.

El otro día fui a un concierto.

El domingo no salí.

Ayer comí pronto.

Anoche vi la televisión.

El año pasado tuve un accidente de tráfico.

Anteayer vine a clase en autobús.

El invierno pasado hizo mucho frío.

Conocí a mi novio hace dos años.

Conocí a mi novia hace tres años.

El otro día fui de compras.

Ayer llegué tarde a clase.

El domingo estuve en el campo.

El otro día cené con unos amigos.

Ayer me levanté muy pronto.

Anoche cené muy bien.

El otro día no hice los deberes.

9 Intente que los alumnos deduzcan el significado del léxico nuevo; si no logran hacerlo correctamente, deles la posibilidad de consultar el diccionario.

Una vez relacionadas las expresiones con los dibujos, realice los ejercicios de repetición necesarios (de forma individual o en coro).

10 a) Introduzca el concepto de **última vez** y demuestre la actividad copiando el cuadro en la pizarra y escribiendo en él sus dos primeras respuestas.

Indique a sus alumnos que procuren precisar al máximo cuándo hicieron esas cosas por última vez.

b) Pídales que empiecen a preguntar por turnos.

c) Después de contrastar sus respuestas, puede pedir a los miembros de cada pareja que preparen las frases que deberán decir a otros compañeros con el fin de averiguar en qué pareja se da un mayor número de coincidencias.

Para finalizar, dirija la comprobación en grupo-clase.

11 Presente a sus alumnos lo que van a escuchar: una conversación en la que un chico comenta a una amiga ciertos detalles sobre el último fin de semana en Toledo; explíqueles que fue el sábado.

Escucha general para responder a las preguntas «¿Cómo fue?» y «¿Fue solo?» (escríbalas en la pizarra).

Comprobación de las respuestas en grupo-clase.

Introduzca **al día siguiente** y haga que escuchen de nuevo la grabación para poder señalar si son verdad o mentira las informaciones presentadas.

Comprobación en parejas y puesta en común en grupo-clase.

Escucha de los puntos en los que discrepen y nueva puesta en común.

Escucha final de comprobación.

Marisa: *... ¿Y fuiste en coche?*

Rafael: *No, no. Fui en tren, mucho mejor, sin caravana ni nada. Salí de Madrid a las diez y llegué a Toledo a las once y cinco.*

Marisa: *Verías la Casa del Greco...*

Rafael: *Sí, claro. Fue lo primero que hice. Luego fui a la Catedral...*

Marisa: *¿Te gustó?*

Rafael: *Me encantó. Es impresionante. Estuve casi una hora... Y ¿a que no sabes dónde estuve después de comer?*

Marisa: *Pues...*

Rafael: *En el río.*

Marisa: *¡No me digas que te bañaste!*

Rafael: *¡No, hombre, no! Estuve descansando y haciendo fotos. La verdad es que hice unas fotos preciosas.*

Marisa: *A ver si me las enseñas.*

Rafael: *Claro, cuando quieras.*

Marisa: *Lo que no entiendo es cómo pudiste estar en una ciudad tan pequeña tú solo un fin de semana... ¿No te aburriste?*

Rafael: *¡Qué va! Estuve en una discoteca y...*

Marisa: *¡O sea que fuiste a Toledo a ligar!*

RAFAEL: *¡No, hombre, no! No fui a eso, pero es que en la discoteca conocí a una chica estupenda.*

Marisa: *¿Sí? ¿Y qué tal?*

Rafael: *¡Ah! Muy bien. Estuvimos bailando y tomando copas hasta las cinco, así que al día siguiente me levanté a la una...*

Marisa: *Y seguro que volviste a ver a la chica...*

Rafael: *Claro. Nos vimos los dos días.*

 Procedimiento: ver página 6, **vacíos de información**.

 Proporcione a sus alumnos la ayuda léxica que precisen cuando estén preparando aquello que comentarán después a sus compañeros.

Durante la puesta en común, estimule a los estudiantes a que hagan todas las preguntas que quieran.

a) Haga trabajar a los alumnos un posible texto de una postal y escríbalo en la pizarra.

Haga mucho énfasis en que **no firmen** lo que escriban.

b) Coloque los textos en las paredes del aula y pida a los alumnos que traten de averiguar quién les «ha enviado la postal»; si en un principio no lo descubren, haga que formulen a los posibles autores todas las preguntas que deseen sobre ese fin de semana.

Los alumnos a los que no les «ha escrito» nadie pueden ayudar a otros compañeros a descubrir quién les «ha enviado la postal».

LECCIÓN 25

Precalentamiento

Escriba en la pizarra los nombres de catorce o quince famosos que conozcan sus alumnos. Pídales que asuman la personalidad de uno de ellos y que escriban frases dando información sobre «ellos mismos». Indíqueles que lo hagan de manera graduada: al principio será muy general y después, más precisa.

Por ejemplo:

1. Vivo en una ciudad que tiene muchos museos.
2. Soy bastante introvertido.
3. Este año he dado muchos conciertos.
4. El año pasado vendí muchos discos.
5. Canto pero no toco la guitarra.
6. Mi último disco se titula: «...».

A continuación se la dicen al compañero, que tiene que adivinar de quién se trata.

a) Compruebe si sus alumnos recuerdan los nombres de los monumentos de Barcelona presentados en la lección 24 y pídales que los describan sin mirar sus fotos. Preste especial atención a lo que digan de la Sagrada Familia y el Parque Güell, y pregúnteles si su estilo se parece al de los monumentos que aparecen en las fotos de esta actividad; explíqueles que son obra del mismo autor: Antoni Gaudí.

A continuación introduzca el léxico nuevo de la biografía y pídales que la lean; asegúrese mediante preguntas de que la han entendido.

Si lo desea, puede comentar con sus alumnos ciertos aspectos relativos al estilo artístico tan personal de Gaudí.

b) Haga alguna pregunta sobre la vida de Gaudí, anótela en la pizarra y pida a sus alumnos que escriban otras cuatro. Haga que se las formulen al compañero.

a) Comprobación: ciertos estudiantes dicen a sus compañeros las formas que han encontrado y éstos confirman si corresponden o no al pretérito indefinido, a la vez que añaden aquellas que no hayan sido mencionadas.

Respuestas:

nació, publicó, empezó (dos veces), terminó, estimuló, descubrió, aceptó, rechazó, fue, murió.

b) Ponga algunos ejemplos que hagan referencia a diversos famosos conocidos por sus alumnos.

c) Puede presentar este apartado a modo de juego: en cada pareja ganaría el miembro con un mayor número de respuestas acertadas.

Dé a los alumnos la posibilidad de elegir la forma de averiguar el significado de las palabras y frases que no entiendan.

Respuestas:

A - nacer; B - entrar en la universidad; C - conocer; D - licenciarse; E - empezar a trabajar; F - casarse; G - tener hijos; H - divorciarse; I - volver a casarse; J - jubilarse; K - morirse.

Presente la conjugación del pretérito indefinido de los verbos **tener** y **morir**.

Explique el ejemplo del libro y estimule a sus alumnos a que utilicen **y, dos/tres/... años más tarde, a los cuarenta y tres/sesenta y cinco/... años**, etc.

Escriba otros ejemplos en la pizarra con la ayuda de los estudiantes.

Supervise el trabajo individual de los alumnos, prestando especial atención a la ortografía. Por último, proceda a la puesta en común en grupo-clase.

a) Para una primera audición de carácter global, puede pedir a sus alumnos que respondan a las preguntas «¿Cuál es la profesión de la persona entrevistada?» y «¿Tiene algún hijo?»

Nueva escucha para hacer una lista de los años que oigan.

Comprobación con el compañero y puesta en común en grupo-clase.

Escucha de los puntos en los que discrepen y nueva puesta en común.

— ... *Muchas gracias, Gema, por estar con nosotros.*

• *Gracias a vosotros. Para mí es un placer estar charlando aquí contigo.*

— *Bien, si te parece, para empezar podemos hacer un breve repaso de tu vida y tu carrera.*

• *Perfecto.*

— *Tú no eres de Madrid, ¿verdad?*

• *No, no. Nací en Teruel, en el año mil novecientos cincuenta... Ya ves que no me importa decir la edad.*

— *Y pasaste allí toda tu infancia...*

• *Sí, viví allí hasta mil novecientos sesenta y ocho, que me fui a Zaragoza a estudiar Psicología.*

— *Pero tengo entendido que no llegaste a trabajar de psicóloga.*

• *Pues no... Terminé los estudios en junio de mil novecientos setenta y tres y en octubre de ese mismo año debuté en el cine con un papel secundario en «Los inocentes», de Raúl Alcoriza.*

— *Luego hiciste papeles principales en varias películas del mismo director...*

• *En total fueron cinco... hasta que me casé, en mil novecientos ochenta.*

— *Después parece que te tomaste un descanso...*

• *La verdad es que estaba un poco cansada de todo... Además, en mil novecientos ochenta y dos tuve un hijo y quería dedicarme a él... No sé... fueron varias circunstancias a la vez...*

— *Ya... y luego volviste a hacer otra película en mil novecientos ochenta y cuatro.*

• *Sí, y volví con ganas... Fue como volver a empezar... Luego hice otras tres más y realmente trabajé muy a gusto.*

— *Fue la época en que ganaste el premio a la mejor actriz en el Festival de Cine de San Sebastián, en mil novecientos ochenta y ocho, ¿no?*

• *Exacto. Y te aseguro que fue una sorpresa, ¿eh? Ni yo misma me lo esperaba...*

b) Salvo el primero, lleve a cabo los mismos pasos que en el apartado anterior, si bien ahora los alumnos deberán centrar su atención en lo que hizo esa actriz en cada uno de los años de la lista que acaban de confeccionar.

No olvide proceder a una última audición de comprobación.

 Pida a sus alumnos que cierren los libros y proporciónales la ayuda léxica que puedan precisar para facilitar la posterior comprensión de los textos.

Pasos restantes: ver página 6, **vacíos de información**.

Nota.

Si no considerara estrictamente necesaria esta actividad, podría pedir a sus alumnos que la realizaran más adelante, en una fase de revisión.

 a) Divida a los estudiantes en dos grupos y explique que van a leer una biografía de un famoso a la que le falta el nombre y un dato muy importante. Es fundamental que la entiendan, puesto que después deberán contársela a un compañero.

    1. Los alumnos leen individualmente el texto que les corresponda. A continuación, cada grupo averigua el significado de las palabras que desconozcan; ayúdeles.

    2. Confirme a cada grupo, en voz baja, de qué personaje se trata.

Respuestas:

Charles Chaplin (A) y Pablo Picasso (B).

    3. Los alumnos disponen del tiempo que necesiten para reconstruir la biografía que han leído. Hágales ver la necesidad de que no se limiten a leer y a repetir todo; es conveniente que utilicen su propio lenguaje.

b) Forme parejas (A - B) y pídales que se la cuenten a su compañero para que intente adivinar de quién se trata.

 Ayude a sus alumnos a resolver las dificultades léxicas que puedan encontrar en la fase de preparación y, a continuación, supervise la práctica interactiva de cada pareja.

 a) Forme grupos de cuatro y pídales que lean las instrucciones. Asegúrese de que han comprendido qué tienen que hacer.

Indíqueles que para hacer la situación más realista es aconsejable que se expresen en un registro formal.

Deles el tiempo necesario para preparar la situación y el lenguaje que vayan a utilizar.

b) Demuestre la actividad con alguna pareja.

Hacen y graban la entrevista en grupos de cuatro alumnos (los dos periodistas formulan preguntas a la actriz y a su marido). Tome nota de los errores importantes para proceder a su corrección en una fase posterior si fuera necesario.

Una vez concluida la grabación, los periodistas pueden comunicar a la clase las informaciones más interesantes que hayan obtenido.

c) Pida a los alumnos que comenten a sus compañeros sus impresiones acerca de su forma de expresarse en español. Procure centrar la atención de los estudiantes en los aspectos de los que se sientan más satisfechos.

Y TAMBIÉN...

❶ El estilo musical de la canción puede ser una pista importante para determinar a qué personaje se hace referencia en la canción (recuerde que, de momento, no se ha explicado el vocabulario).

Es importante que los estudiantes justifiquen su elección.

❷ Los alumnos tratan de deducir los sinónimos de las palabras y de la frase propuestas.

Procédase a la puesta en común en grupo-clase e introduzca el léxico nuevo para facilitar la comprensión general de la canción. No pretenda que lo produzcan, puesto que no es éste el objetivo de la actividad.

❸ Escuchan la canción al mismo tiempo que leen la letra.

Haga algunas preguntas de comprensión general.

COMO UN PEZ

La suerte es como un pez
que de sus manos resbaló
como la pretensión
de ser algo que se esfumó.

De maroto trabajó
pero él tenía vocación
de ser mucho más en la vida
que un kafkiano perdedor.

Pobre hombre, ni su nombre
sabe ya decir con tino.
Es su sino el de sufrir,
es de espinas su camino.
Deambula por los puertos
suplicando tragos de favor.
Apostó su vida a un bello sueño
que era su dueño y voló.

GABINETE CALIGARI, «Como un pez» (Fragmento).

❹ Compruebe si siguen pensando que el personaje al que se hace alusión es el que han decidido en la actividad 1. Pídales que expongan sus razones tanto en un sentido como en otro.

❺ Actividad apropiada para que los alumnos la realicen individualmente fuera del aula.

❻ Deje que sean los propios alumnos quienes corrijan la redacción seleccionada por ellos; limítese a resolver las dudas y desacuerdos que puedan surgir. Recoja el resto de los textos para corregirlos.

Por último, coloque en un mural todas las redacciones elegidas por los alumnos; recuerde que sería aconsejable incluir en el mismo una fotocopia ampliada de la persona a la que se hace referencia en la canción.

REPASO 5

Precalentamiento

Forme parejas y explique a sus alumnos que disponen de tres minutos para pensar en el mayor número posible de personas que fueron famosas el año pasado y para escribir frases expresando por qué lo fueron; indíqueles que pueden usar el diccionario. Anota algún ejemplo en la pizarra.

Una vez concluido el tiempo, leen las frases a sus compañeros, que deciden si se ajustan o no a la realidad. Gana la pareja que logra decir un mayor número de informaciones verdaderas.

a) Asegúrese de que los alumnos conocen las palabras propuestas.

b) Pídales que lean el anuncio y présteles la ayuda léxica que precisen para facilitar la comprensión general del mismo.

Los alumnos completan la columna izquierda del texto con las palabras del apartado anterior.

Comprobación con el compañero y puesta en común en grupo-clase.

Respuestas:

... el país que más te ofrece por menos *dinero*.
... de los transportes, los restaurantes, las *compras*.
... y todavía nuevo para el *turismo*.
... la cual no ha sido *descubierta* en gran parte por el turismo.
... y en las más blancas y *limpias* playas.

c) Dirija un comentario en grupo-clase sobre los aspectos interesantes que, según el anuncio, ofrece Turquía a los turistas.

d) Pida a los alumnos que digan a sus compañeros lo que sepan o se imaginen sobre ese país. Estimúleles a que hagan referencia a las experiencias que hayan podido tener ellos o algunos conocidos suyos en ese país.

e) Actividad apropiada para realizar como trabajo personal fuera del aula.

SUGERENCIA

Una vez corregidos los textos de las postales, puede hacer un dictado de frases que contenían errores (díctelas correctamente). Al final pregunte a sus alumnos si las reconocen y pídales que las contrasten con las que habían escrito ellos, pero ¡no diga sus nombres ni haga que lo comenten con sus compañeros!

 Esta actividad integrada incluye una tarea (el apartado d)) que será realizada fuera del aula por los alumnos que se hallen en un país hispanohablante y posiblemente también por aquellos que se encuentren en otros países.

a) Forme grupos de tres estudiantes y pídales que elijan una semana del mes que viene y un lugar de la geografía española para «pasar unas vacaciones juntos». Si lo cree conveniente, puede escribir en la pizarra nombres de ciudades y pueblos españoles con la ayuda de sus alumnos. En ese caso, el destino escogido debería ser uno de ellos.

b) Los alumnos incluyen en la lista todos aquellos aspectos que consideren que deben tener en cuenta a la hora de planificar su viaje.

c) Si el curso tiene lugar en un país hispanoparlante, los alumnos buscarán la información en los lugares públicos correspondientes, por lo que tendrán que desplazarse hasta ellos o llamar por teléfono.

Si se encuentra en otro país, pida a sus alumnos que la busquen en las oficinas de turismo español que pudiera haber en la localidad donde esté impartiendo el curso o en las guías o folletos turísticos que usted les proporcione. Si no hubiera manera de obtener ningún dato, pídales que se los inventen (trate de que se ajusten en lo posible a la realidad).

A continuación los alumnos se distribuyen la tarea que deberá realizar cada uno.

d) Cada alumno lleva a cabo el trabajo que se ha comprometido a efectuar en el apartado anterior.

e) Los alumnos ponen en común la información obtenida y ultiman los detalles relativos al viaje y a la estancia en el lugar de vacaciones. Posteriormente seleccionan la ropa y las cosas que van a llevar.

f) Los miembros de cada grupo comentan al resto de sus compañeros todo lo que han decidido, excepto el nombre del lugar elegido, que éstos deben adivinar, pudiendo formular para ello preguntas cuyas respuestas sean «sí» o «no».

 a) Haga que los alumnos escuchen la grabación para responder a la pregunta «¿De qué personaje famoso hablan?»

Comprobación y escucha con pausas para que anoten las preguntas del concurso.

Comprobación con el compañero y puesta en común en grupo-clase.

Escucha de los puntos en los que discrepen y nueva puesta en común.

— *Vamos a ver... Parece que ya tenemos una llamada... ¿Sí? Buenas tardes...*

• *Buenas tardes.*

— *¿Con quién tengo el gusto de hablar?*

• *Con Begoña.*

— *¿De dónde me llama?*

• *De Bilbao.*

— *Bien, pues ya sabe que el personaje de nuestro concurso de hoy es Luis Buñuel, el cineasta español que dejó huella en la historia del cine.*

• *Sí.*

— *¿Ha visto muchas películas de Buñuel, Begoña?*

• *Casi todas. Es que me encanta.*

— *¿Y sabe mucho de su vida?*

• *Hombre, un poquito...*

— *Bueno, pues entonces vamos a ver si tiene suerte y puede responder correctamente a nuestras preguntas. ¿Preparada?*

• *Sí, sí, preparada.*

— *¿Cuál fue la última película que dirigió Luis Buñuel?*

• *«Ese oscuro objeto del deseo».*

— *¿En qué año la dirigió?*

• *Mm... en 1977.*

— *¿Qué película de Buñuel ganó un primer premio del Festival de Cannes?*

• *«Viridiana».*

— *Y la última pregunta: ¿en qué año murió Luis Buñuel?*

• *En 1983.*

— *¡Muy bien, Begoña! ¡Acaba usted de ganar...!*

b) Con las respuestas de la concursante lleve a cabo los mismos pasos que en a), a excepción de los dos primeros.

Para finalizar, proceda a una última audición de comprobación.

 a) Conviene que no supervise el trabajo de las diferentes parejas para que escriban libremente lo que deseen.

b) Comente a sus alumnos qué informaciones se ajustan a la realidad y cuáles no. A continuación responda a todas aquellas preguntas que quiera y como quiera.

c) Los alumnos negocian el orden de las informaciones y la corrección de las posibles faltas. A continuación uno de ellos escribe la biografía en la pizarra con la ayuda de sus compañeros.

Corrija los posibles errores y coméntelos con los estudiantes.

 Pida a sus alumnos que lean todas las frases y que soliciten la ayuda léxica que necesiten.

Explique las reglas del juego e infórmeles de que pueden decir lo que quieran y cuanto quieran sobre los temas propuestos.

Haga una demostración.

SUGERENCIA

Proponga a sus alumnos la idea de hacer una fiesta para celebrar que han terminado el libro. Si aceptan (es realmente improbable que no lo hagan), pídales que discutan el día y la hora de la fiesta; el lugar; cuánto dinero va a poner cada uno, etc.

A continuación los alumnos llegan a un acuerdo sobre las cuestiones relativas a la organización de la fiesta.

Es aconsejable que el profesor actúe como un miembro más del grupo, tanto en la toma de decisiones previa a la fiesta como en la preparación y en la celebración de la misma.

Unica condición: sólo se hablará en español.